CAUSES CÉLÈBRES

DU

MARIAGE

OU

LES INFORTUNES CONJUGALES

PAR

Alexandre LAYA

AVOCAT A LA COUR D'AIX

SOMMAIRE : Lettre au Sénat en faveur de la loi sur le *Divorce*. — **Des Infortunes conjugales**, *résultant des Mariages* selon leurs précédents et leurs diverses catégories. — Lettres d'*Émile de Girardin* et d'*Alexandre Dumas fils*. — **Causes célèbres du Mariage**. — Note sur le *Théâtre en actions* (*Palais de Justice*) — Drames — Comédies — Vaudevilles — Farces en matières de procès en séparation. — *Le Prince et la Princesse de Beauffremont*. — *Desprez*. — *Cairon et Soubiran*. — *Le comte et la danseuse*. — Mariages d'artistes, mésalliance (*séparation et bonheur*). — *Adelina Patti* et le *Marquis de Caux*. — *La Sontag* — *La Baronne V...* — *Un secret entre époux*. — *Deux existences brisées*. — *Souffrances muettes*. — *Affaire Fenayrou*.

PARIS

LIBRAIRIE A.^te MARESCQ AINÉ

A. CHEVALIER-MARESCQ, SUCCESSEUR

20, RUE SOUFFLOT, 20

1883

CAUSES CÉLÈBRES

DU MARIAGE

OU LES INFORTUNES CONJUGALES

Chateauroux. — Typographie et Stéréotypie A. MAJESTÉ

CAUSES CÉLÈBRES
DU
MARIAGE
OU
LES INFORTUNES CONJUGALES

PAR

Alexandre LAYA

AVOCAT A LA COUR D'AIX

SOMMAIRE : Lettre au Sénat en faveur de la loi sur le *Divorce*. — Des **Infortunes conjugales**, *résultant des Mariages* selon leurs précédents et leurs diverses catégories. — Lettres d'*Émile de Girardin* et d'*Alexandre Dumas fils*. — **Causes célèbres du Mariage**. — Note sur le *Théâtre en actions* (*Palais de Justice*) — Drames — Comédies — Vaudevilles — Farces en matières de procès en séparation. — *Le Prince et la Princesse de Beauffremont*. — *Despres*. — *Cairon et Soubiran*. — *Le comte et la danseuse*. — Mariages d'artistes, mésalliance (*séparation et bonheur*). — *Adelina Patti* et le *Marquis de Caux*. — *La Sontag* — *La Baronne V...* — *Un secret entre époux*. — *Deux existences brisées*. — *Souffrances muettes*. — *Affaire Fenayrou*.

PARIS
LIBRAIRIE A. MARESCQ AINÉ
A. CHEVALIER-MARESCQ, SUCCESSEUR
20, RUE SOUFFLOT, 20

1883

LETTRE AU SÉNAT

A MESSIEURS LES SÉNATEURS

MESSIEURS,

Vous êtes appelés à résoudre bientôt un problème social du plus grand intérêt, de la plus grande importance par LE RÉTABLISSEMENT DU DIVORCE.

Veuillez prendre consciencieusement, sans parti pris, sans préjugé religieux, tous les renseignements que résument les livres de M. Alfred Naquet, de M. Émile de Girardin, d'Alexandre Dumas fils, de Montaigne, de Montesquieu ; les discours de nos constituants en 1789, de nos orateurs, tels qu'Odilon Barrot, Portalis, Stanislas de Girardin, Tronchet ; demandez au Code civil ce que veut dire le mot *contrat* et le mot *mariage*, et dès lors applaudissez aux efforts de ces penseurs et votez en faveur d'une loi que tout le monde réclame, et qu'enfin la Chambre des Députés vient de voter.

Mettez fin aux scandales des procès où les *sévices*,

injures graves, adultères, incompatibilité d'humeur, signalent aux pays étrangers où le divorce existe, les crimes, délits, infamies privées, scandales publics, qui déshonorent notre *belle* société;

Faites que le *concubinat* accepté ou non (selon la position des parties, selon leur fortune surtout, qui le fait tolérer, si ceux qui le pratiquent sont riches, ou le fait blâmer si l'on est pauvre) cesse ou suive les errements de la *loi romaine* ou *morganatique;*

En un mot, hâtez-vous de mettre le baume sur la plaie saignante;

Dites-vous, une bonne fois, après mille arguments souverains, qu'il n'est pas absolument nécessaire de se servir de la loi sur le divorce uniquement parce qu'elle serait écrite;

Que les gens heureux en ménage ne divorcent pas;

Que les *séparés de corps* pourront ne pas promener leur scandale au grand jour;

Que les protestants, juifs, ou même libres-penseurs, ne seront pas forcés de subir les obstacles (complaisamment éludés, d'ailleurs, par la *répudiation*) que l'Église catholique oppose à la rupture du mariage devenu impossible, quoique, disent-ils, indissoluble!

Constituez enfin :

La Dignité dans le Mariage.

SÉNATEURS,

Délivrez le pays des troubles moraux, sociaux, politiques, que cause votre indécision d'une part, et de l'autre la besogne des *fossoyeurs* à laquelle le Sénat nous fait assister depuis douze ans.

Voyons, de grâce, veuillez un peu vous reporter à 1789 ; noblesse, clergé, bourgeoisie, veuillez lire ;

Et enfin, après les expériences que toutes les formes de monarchie ont faites, et qui n'ont servi qu'à les précipiter les unes sur les autres,

Veuillez aider et non pas combattre les institutions républicaines que vous avez votées :

Prenez-y garde ;

Le pays serait, en ce moment surtout, un modèle d'ordre et de prospérité ;

Le pays verrait toutes ses plaies se cicatriser,

Si les conflits des députés avec les sénateurs ne posaient pas le SABOT *de la réaction* à toutes nos libertés.

Vous êtes responsables de la tranquillité que nous aurions, sans les luttes sourdes et cachées, mais parfaitement visibles et retentissantes, auxquelles vous vous livrez, pour entraver la marche des institutions républicaines ;

Consolidez-les, au lieu de chercher à les couvrir d'un *badigeon monarchique*...

Mais... je me laisse entraîner à des considérations générales.

MESSIEURS,

Vous tenez entre les mains le « développement » ou la cessation des scandales honteux que révèle, chaque jour, le maintien de la SÉPARATION DE CORPS, dont le DIVORCE est le seul remède.

« Désordres civils. »

« Délits correctionnels » (l'adultère).

« Crimes » (le meurtre, l'empoisonnement, l'assassinat) : Voilà ce qu'enfante la séparation de corps prononcée par les tribunaux ou subie à l'amiable par les époux.

Une vie sans lien avouable ;

La dilapidation nécessaire de la fortune privée, prenant corps avec les désordres de la fortune publique ;

Des enfants légitimes, placés entre deux scandales :

La vie de leur père avec une concubine ;

Ou la vie de leur mère avec des amants ;

La survenance des enfants qui ne PEUVENT AVOIR DE NOM — vu que :

Ces deux époux étant mariés, les enfants nés hors

mariage d'un côté ou de l'autre, n'ont pas de nom possible.

Pour ceux de l'épouse : ils seront déclarés adultérins par un procès en désaveu ;

S'ils sont nés du père avec sa concubine, ils ne peuvent porter que le nom de la mère, si celle-ci n'est pas mariée, ou bien *n'avoir aucun nom* si le père ou la mère naturels sont mariés l'un et l'autre :

Voilà la belle société que compose la loi qui exclut le « divorce » et maintient la « séparation de corps » comme le seul moyen de vivre hors mariage...

Et voilà bientôt soixante ans que cela dure ;

Que ces scandales connus sont sous les yeux de tout le monde ;

Sans parler des scandales inconnus, cachés, subis dans l'isolement ou la douleur.

Continuerez-vous cet état de choses lamentable, messieurs les Sénateurs, en repoussant la loi sur le rétablissement du divorce, le « seul sauvetage » de la pauvre et immorale société dans laquelle vous nous laisseriez vivre.

Nous imposerez-vous ce malheur lorsque la grande, l'immense majorité de la Chambre des Députés, a enfin reconnu la nécessité du « divorce ! »

Non ! messieurs, relisez les œuvres des hommes d'État, des philosophes, des écrivains éminents qui ont écrit favorablement sur cette matière !

N'oubliez pas que les pays qui sont, sans conteste, les représentants de la moralité absolue, du respect individuel, de la dignité dans le mariage, c'est-à-dire l'Angleterre, l'Allemagne, la Belgique, la Suisse, la Hollande, les États-Unis, ont adopté le « divorce! »

Dites-vous bien que l'existence d'une loi n'implique pas la nécessité absolue de s'en servir ; que les ménages heureux n'en feront jamais usage ;

Que les ménages, momentanément divisés dans la vie intérieure, pourront faire une sorte de « stage, d'armistice, de trêve, » en demandant la « séparation de corps, » d'abord ;

Que le DIVORCE enfin ne sera demandé que par ceux dont la vie est une douleur ou un scandale, une souffrance née de sévices et d'injures ou de déshonneur.

Non, messieurs les Sénateurs, vous ne voudrez pas vous mettre en opposition avec le vœu général, proclamé par les trois quarts de la nation, en y ajoutant ceux (très nombreux) qui n'en ont pas voulu, soit par réserve, soit par cupidité.

Je suis un des premiers qui, depuis trente ans, ont demandé le divorce.

J'ai pu, dans ma longue carrière d'avocat, voir par moi-même, en France, combien les tribunaux sont chargés de ces déplorables collisions qui se perpétuent dans le mensonge, dans cette capitulation scandaleuse des « séparations de corps ». J'ai choisi parmi les procès que je collige en ce moment, les plus célèbres de notre temps. Veuillez lire ce que j'extrais du « casier des séparés de corps » ;

Et hâtez la délivrance de ceux qui vivent dans le scandale, et dont le déshonneur retombe sur leurs enfants qui ne peuvent être assurés par la « séparation de corps » contre leurs auteurs que de deux sentiments pendant la vie : la « haine » ou le « mépris ».

Le divorce résout tous ces scandales.

La Chambre des députés vient enfin de se prononcer en faveur du divorce. Selon nous, il n'était pas besoin d'écrire, sur ce sujet, un nouveau projet de loi. Il suffisait d'ouvrir le *Code civil* et de remettre en vigueur le titre *sixième*, intitulé : *du Divorce*, et promulgué les 21-31 mars 1803. Toutes les dispositions relatives au divorce sont comprises entre les articles 229 et 305.

Mais enfin, telle qu'elle est, la nouvelle loi sauvera les scandales de *la séparation de corps*.

Examinons donc avec impartialité la situation respective des époux, telle qu'elle résulte de l'une et l'autre décision de la loi, à savoir :

La séparation de corps et *le divorce*. Ajoutons, en outre, que le *divorce* consacre, pour toutes les classes de la société, le même sentiment de dignité humaine qui nous préoccupe avant tout, soit vis-à-vis des enfants, soit vis-à-vis de la société.

I

DU MARIAGE.

Un contrat quelconque, une convention de peu de valeur, sont considérés comme nuls dans plusieurs circonstances fort simples, du reste, et pour lesquelles la loi n'est que l'organe du sens commun : Il faut que les parties aient conscience de leur acte; il faut que l'objet de la convention soit bien connu, bien déterminé, et le scrupule des législateurs est si grand, que les contrats qui n'ont pas de limite assignée, ou dont la formule ne prévoit pas la solution dans un délai fixé d'avance, sont considérés comme étant contraires à la raison et aux droits.

Or, le contrat le plus grave, le plus décisif dans la vie d'un homme, celui qui tient renfermé dans ses plis le bonheur ou le malheur, dans les arcanes duquel se cache parfois le crime même, *le mariage*, est conclu, signé, exécuté, fixé, en France, avec une légèreté que rien n'égale.

La cause de cette légèreté même est, selon nous, dans les dispositions impérieuses qui rendent ce contrat irrévocable. Il y a un dicton là-dessus:

Ah bah! « *qu'ils se marient, ils s'arrangeront bien après!* »

II

Nous voulons, ici, démontrer que, sans le divorce, le mariage, tel que la loi française l'a institué, devient presque toujours un élément de scandale, une consécration du malheur domestique, l'influence la plus directe de la mauvaise éducation des enfants : cette assertion sévère, rigoureuse, implacable, sera démontrée par les faits dans les considérations qui suivent :

Nous défions un jury composé de la quintessence des hommes probes et honnêtes qui nous liront de ne pas partager complètement nos opinions.

Voyons, d'abord, comment se font, se fabriquent, se *bâclent* (qu'on nous permette cette trivialité) les mariages en France.

On peut les classer en trois catégories:

On se marie :

1° Par *convenance ;*
2° Par *sympathie ou par amour ;*
3° Par *devoir.*

III

DES MARIAGES PAR CONVENANCE.

Les mariages par convenance sont des mariages de position.

Dans certaines familles, l'idée de l'avenir pour ses enfants procède de la vanité du cœur ; et comme c'est chose très goûtée que de s'assurer pour ses vieux jours les jouissances honnêtes de ce qu'on nomme les relations et les habitudes, il arrive presque toujours, dans ces familles privilégiées, que l'éducation développe chez les enfants les inspirations dynastiques, insufflées par les ancêtres dans l'esprit assez malléable des neveux et arrière-neveux.

Une grande fortune permet ce genre d'éducation atonique, qui façonne des étalons destinés par mariage à continuer certaines races : tout cela se prépare doucement, méthodiquement, pas à pas, année par année, jour par jour ; c'est le privilège de la fortune qui permet à ces compartiments de la vie de se classer, de se caser, de faire des *époux et épouses-machines.* On a, pour cela la vie de l'hôtel dans l'hiver ; petites soirées confites, sous la présence et direction des abbés, initiés, dès l'enfance des fils ou filles de famille, aux projets de mariage dont s'agit : rien de plus charmant, de plus congratulant, de plus alléchant, aux yeux et sous les soupirs des arrière-tantes, des grand'mamans et des parents, que les petites naïvetés de l'enfance, préparant les gentillesses de l'adolescence entre deux cœurs, l'un à l'autre destinés de par les convenances de famille. On a encore, pour cela, la vie de château, les promenades à cheval, les comédies, charades ou proverbes, derrière les paravents, les longues soirées de whist, de piano, de dames, dans le grand salon ; le tout décent, froid, surveillé, un peu mystique, d'ailleurs fort honnête, complètement inanimé, sans aucune passion, préparation-formule à ces unions qui s'exécutent un beau jour sans presque rien changer à la situation antérieure : exécution très simple d'une association à laquelle il ne manquait que la pose d'une couronne de fleurs d'orangers, une chaise de poste, un voyage dès longtemps prévu, et le retour, également prévu, suivi d'une naissance qui est le complément final, constituant pour les ancêtres, présents et bénissants, le devoir accompli, et l'heureuse faculté de pouvoir se croiser les bras en s'écriant: « Aux autres, désormais, l'œuvre à continuer ! »

IV

Il existe aussi d'autres mariages de *convenance*. Ce sont les *mariages d'argent*. Tantôt ce sont des dynasties financières qui, renfermant dans le cercle de leurs alliés les sommes qui composent l'énorme actif de leur vaste association, veulent réaliser, ont fait serment de réaliser, et réalisent, de nos jours, une noblesse métallique qui est douée d'une puissance presque sans limites.

Si l'on suppose que des capitaux considérables composent l'actif d'une société de quatre ou cinq frères se partageant les places les plus importantes du crédit universel, l'on arrive facilement à se rendre compte du *paroli* financier résultant de cette association; mais si l'on suppose, en outre, que les intérêts de famille viennent s'ajouter aux intérêts d'affaires; et si, sous la forme de crédit ouvert, dot des mâles, — et d'un actif métallique en nature, dot des femelles, — de nouvelles branches se ramifient au tronc central des cinq frères ; si le travail s'ajoute au travail, les affaires à *coup-sûr* aux affaires à *coup-sûr*, on comprend la puissance énorme, sans bornes, qui doit résulter de pareilles ramifications financières.

Et certes, une fois admise, cette donnée parfaitement philosophique, que l'or est le plus puissant moteur du monde, l'on comprend parfaitement que ces familles financières se donnent l'agréable tâche de se créer des héritiers et des héritières, destinés à composer de nouvelles ressources pour augmenter l'actif de l'association ; on comprend qu'il est indispensable de se circonscrire dans les mêmes rameaux, de ne pas introduire d'éléments étrangers, qui ne seraient qu'un alliage inutile à mêler à l'or de la grande dynastie ; et certes, le calcul de ces financiers, dont le luxe est, en outre, de nature à écraser la froide dignité de la noblesse de naissance, n'est pas le moins du monde déraisonnable.

D'ailleurs, il se peut que, par-ci par-là, le cousin fiancé, la cousine choisie, soient d'agréables personnes : cela se rencontre même plus souvent, il faut le dire, dans les dynasties financières que dans les autres, parce qu'il y a là deux éléments qui embellissent, le travail et le mouvement. Dans ces existences princières de la finance, qui domine le monde, qui tient sur son grand-livre la fortune publique, qui peut se dire avec un certain sentiment d'orgueil légitime :

« C'est mon crédit qui développe ces nations appauvries : c'est mon argent qui patronne ces industries fertiles ; c'est moi qui, chaque jour, tiens le bilan de certains peuples. » Certes, dans ces existences-là, il y a l'élément d'une vitalité qui développe les corps par le bien-être et le luxe, l'esprit et la pensée par ces grands calculs, ces grands jeux humains, dont le travail et le progrès sont les pôles *dominateurs*.

V

Mais, descendons l'échelle des mariages de *convenance* :

La plus triste espèce de ce genre est celle qui fait d'une femme l'appoint d'une étude de notaire, d'une étude d'avoué, ou de la charge d'un agent de change!

Vous êtes laid, malpropre, sans esprit ; vous êtes le fils d'un brave homme de maçon, d'agriculteur ou d'épicier, ayant une petite somme devant lui. On vous enfouit dans une étude. Là, vous passez les plus belles années de votre vie à gratter du papier timbré, selon le formulaire invariable que vous copiez et recopiez sans cesse. Vous ne pouvez vous flatter de rencontrer dans ce pénible, honnête et stupide travail rien qui puisse vous faire analyser le cœur humain, et pourtant, chose étrange, vous êtes destiné à présider à la confection des actes les plus graves de la vie : à un contrat de mariage, base de bonheur ou d'infortune ; à un acte de société, fondement de la richesse ou de la ruine ; à un testament, titre de délicatesse suprême, sorte de sanctuaire où vont se cacher toute l'âme, toute la philosophie du testateur.

Eh bien! tout cela, c'est pour vous de la clientèle, rien de plus, rien de moins. Et vous voilà tout d'un coup, passant du fauteuil de cuir noir de second et de premier clerc, au fauteuil de velours de patron, transformé par la volonté paternelle en confesseur légal des familles, dépositaire des plus grands secrets.

Jusque-là, c'est fort bien. Mais d'où vient que, pour occuper ce poste, éminemment moral et intellectuel, il vous faille absolument une grosse somme d'argent ? Et pourquoi faut-il que vous deviez cette somme à la compagne de votre vie ?

Par une raison toute simple : c'est que l'agiotage s'est glissé partout ; que les professions qui, naguère, ne pouvaient être que l'apanage d'hommes modestes, dévoués à une vie de travail, sans luxe, sorte de sacerdoce civil, ne s'inspirant que de la responsabilité sérieuse, religieuse, du devoir, ont changé de nature, de destination et de personnel.

La plaie de notre temps, plaie saignante, la spéculation, s'est étendue partout. Dans toutes les positions sociales, il faut de l'or. La vénalité des offices a créé le marché des professions libérales. Jadis, on exigeait du notaire une vie de résignation et d'humilité ; mais là, précisément, était l'élément de l'estime publique. Il n'y a pas jusqu'au sobriquet de garde-notes, dont notre sourire contemporain s'est emparé, qui ne qualifiât la confiance accordée à ce *tabellion*, à cet archiviste des actes, des notes, des *tablettes* de la vie privée.

Croit-on que les mœurs générales y aient gagné ? Croit-on que les dames élégantes du notariat, transformées en lionnes parisiennes, donnant les plus belles fêtes, les plus beaux bals, dans la ville des bals et des fêtes, aient ajouté beaucoup à la confiance due aux notaires ? Ne faut-il pas, du reste, reconnaître là le signe de cette vanité crédule du client, livrant, tête baissée, ses secrets, sa fortune, ses économies, son capital de jeu, aux modernes représentants de la vie luxueuse et aléatoire de ces professions qui, jadis, étaient une magistrature ?

Que dirons-nous des agents de change, qui ne vienne ajouter de nouveaux arguments à cette vérité ?

L'agiotage est le mobile de tout, dans notre siècle ; et, je le demande, qu'est-ce qu'un mariage qui n'a pour base du bien-être intérieur que cette spéculation en perspective ? Que deviennent les sentiments de la vie intime chez ces deux époux, calculant le produit d'une martingale conjugale, grossissant à vue d'œil quand la hausse des affaires se déclare, et n'entraînant que la ruine et le déshonneur lorsque la spéculation matrimoniale vient à échouer.

Il est bien rare, sinon impossible, de fonder le bonheur sur de pareilles combinaisons ; et nous ne pouvons les considérer, en tout cas, comme étant l'expression la plus touchante de cette union si délicate.

VI

Maintenant, si l'on suppose la ruine et le déshonneur de celui qui se trouve, grâce à la dot de sa femme, titulaire d'un office entaché par la spéculation; si l'on suppose que la femme, séparée de son mari, sombre, comme cela s'est vu, dans quelque triste aventure, — que devient la dignité de l'un et de l'autre, condamnés par nos lois à subir le déplorable scandale d'une séparation judiciaire;

Scandale au point de vue matériel, parce que la fortune de la femme est la condamnation la plus outrageante de son mari; scandale au point de vue moral et social, parce que rien n'est plus contraire à la dignité de deux époux que cette position bâtarde, anormale, compromettante, que leur fait la séparation de corps.

Mais, avant de déterminer les conséquences de cette situation, continuons l'examen des diverses espèces de mariages, tels qu'ils se présentent dans la société où nous vivons.

VII

DU MARIAGE PAR SYMPATHIE.

Il faut reconnaître que de toutes les espèces de

mariages, celui qui présente le plus de chances de bonheur est le mariage par sympathie.

Pourtant, il ne faut pas s'imaginer que le mouvement de l'âme qui donne à deux personnes, destinées à passer leur vie ensemble, cette sorte d'affinité magnétique qui les rapproche soit toujours le gage d'une union indissoluble.

Le grand diplomate de notre siècle, M. le prince de Talleyrand, disait :

« Défiez-vous du premier mouvement, il est toujours bon. »

L'élan du cœur n'atteint pas toujours le but que les yeux entrevoient, et les apparences sont quelquefois trompeuses. Il faut se défier de l'entraînement d'une exaltation qui, forcée de se réduire et de se refroidir plus tard, a souvent servi de cause trop rapide à la formation d'un lien dont la passion a forgé les anneaux. Il faut qu'une certaine expérience ait donné à l'homme une sûreté de jugement presque infaillible. Thalès disait qu'on ne devait pas se marier dans la fleur de l'âge, parce que c'était trop tôt ; ni lorsqu'on est un homme fait, parce que c'était trop tard. Une dame demandait à un célèbre médecin pourquoi il ne se mariait pas.

« Mon Dieu ! madame, voici : j'ai considéré le mariage comme une affaire si grave que je crois que la vie n'est pas assez longue pour y réfléchir.... »

Est-ce la beauté d'une femme qui nous a séduits ? Rappelons-nous que la beauté est éphémère, et ne peut être parfaite.

Un Romain répondait à des flatteurs qui le complimentaient sur la beauté de sa femme : « Mes amis, vous voyez que mon cothurne est tout neuf.... eh bien ! nul de vous ne peut savoir en quel endroit il me blesse. »

Les mariages par passion n'ont pas de bonheur durable, parce que la surexcitation ne peut être l'état normal ; et que, si la froideur de l'âme succède à l'exaltation des sentiments, l'affection subit le même épuisement que la lassitude des sens.

La sympathie confond, entre les époux, les aspirations de l'âme : et c'est dans ces sortes de mariages que viennent se résumer les règles les plus doucement impérieuses du devoir réciproque des époux vis-à-vis l'un de l'autre.

Il y avait, chez les anciens, une admirable règle : dans le foyer domestique, au sein des dieux lares, se trouvait la flamme dédiée à Vesta, flamme chaste, pure et de telle essence que l'étranger, l'ennemi même qui venait s'y réfugier, trouvait là l'inviolabilité de l'asile choisi.

Cette sauvegarde religieuse avait servi de principe pour conserver, à l'intérieur, le respect le plus sympathique des époux entre eux.

Les anciens qualifiaient d'infâme et d'indigne de la nature humaine la moindre violence exercée dans le foyer domestique contre la femme qui était, disaient-ils, la compagne de la maison divine et humaine (*domûs divinæ humanæque socia*).

VIII

Les passions humaines, la vanité, l'amour du luxe, sont les plus grands dissolvants de l'union conjugale ; et si grande que soit la sympathie entre deux époux, il ne faut jamais, même pour un seul instant, cesser d'y apporter mutuellement un aliment nouveau.

La confiance doit être la base de l'affection ; c'est ce qui constitue la probité du mariage ; c'est ce qui doit servir de base au contrat : tromper, c'est faire un acte frauduleux ; et la délicatesse de ce contrat spécial est si fine qu'on peut aisément comprendre la répudiation que César fit de sa femme sur de simples conjectures, disant que « la femme de César ne doit pas même être soupçonnée ».

Nous ne demandons pas à l'épouse, au XIXe siècle, l'amour d'Hipsicratée, la femme de Mithridate, qui l'accompagna jusque sur les champs de bataille et partagea son malheureux sort après les victoires de Pompée ;

Ni le dévouement de la femme d'Admète, qui se tua, parce que l'oracle avait dit que son époux ne pouvait être guéri que si un de ses plus grands amis se tuait pour le sauver ; ni le courage de la femme de Fernand Gonzalès (courage renouvelé de nos jours par Mme de Lavallette), qui pénétra dans la prison de son mari, condamné à mort, et, lui donnant ses habits, se substitua à lui-même pour lui donner les moyens et le temps de fuir ; ni le suicide de Portia, la femme de Brutus ; ni celui de Pauline, la femme de Sénèque, s'ouvrant les veines en même temps et dans le même bain que la victime de Néron ; mais nous estimons que c'est moins la passion exaltée que la sympathie tendre et modérée qui affermit le mariage.

IX

DU MARIAGE PAR DEVOIR

Quant au *mariage par devoir*, les conséquences e cette union dépendent du caractère de chacun des époux.

L'idée du devoir accompli peut donner à chacun d'eux l'élément d'une sympathie, qui a pour base deux sentiments ordinaires sérieux et solides.

De la part du mari, la sollicitude qui s'empare tout naturellement de son cœur, assez énergiquement inspiré pour continuer, vis-à-vis de sa femme, l'œuvre du devoir; de la part de la femme, le sentiment d'une reconnaissance qui n'est pas sans dignité.

Et pour les deux, bien souvent, un lien délicieux, vivante sympathie de leurs âmes, l'existence de leurs enfants, cause innocente et sacrée de leur union.

X

De tout ce qui précède résulte pour nous cette vérité irrécusable que le plus saint et le plus définitif des contrats écrits dans notre loi civile, étant irrévocable par les dispositions impérieuses de nos Codes, est contraire à l'essence même de tous contrats sérieux, à savoir : la maturité de l'engagement; et comme rien, en ce monde, ne peut être considéré comme devant être irrévocable, la loi devait poser à ce principe rigoureux un palliatif. Nos législateurs ont cru le rencontrer dans la *séparation de corps.*

Or, nous prétendons prouver que la séparation de corps est un véritable attentat à tous les principes sur lesquels doit reposer une société qui veut affermir sa dignité et sa liberté véritable.

Pour le prouver, nous n'avons qu'à prendre, au hasard, les exemples que nous a signalés l'étude de nos procès civils et le triste spectacle qui se déroule à nos yeux en matière de séparation de corps.

XI

Et d'abord :

La perspective du divorce n'est-elle pas, pour le père de famille, dans les pays où la loi l'admet, un véritable obstacle à la légèreté qui préside, d'ordinaire, à la conclusion des mariages, là où règne le régime de la séparation de corps?

Il ne faut pas croire que l'idée d'une rupture légale possible, mais entourée des nombreuses et délicates formalités du divorce, rende plus facile, pour les pères sérieusement dévoués à leur devoir, la consommation de cet acte si grave, le mariage de leurs enfants.

Livrer à un homme la jeune fille dont l'avenir vous a préoccupé depuis son enfance; la livrer avec la pensée que la loi peut, au lendemain même de ce sacrifice, briser le lien formé, n'est, pour un honnête homme, qu'une raison plus sérieuse pour y porter toute sa vigilance.

En ce qui concerne les femmes élevées dans une famille qui a le sentiment de la dignité et de l'indépendance humaines, le scandale d'un divorce se dresse devant l'esprit de celui qui va conduire sa fille devant le magistrat.

Celui-là suit, avec une sollicitude scrupuleuse, les indices qui lui sont donnés du caractère, de l'honorabilité, des goûts, des habitudes de l'homme à qui le cercle de sa famille doit s'ouvrir. Il faut, avec une sage réserve, mais avec une économie bien comprise, que le père de famille ménage à ses deux futurs compagnons de toute une vie des occasions où le naturel doit se livrer à toute son expansion.

Il faut que les mille détails de la vie intérieure, d'où dépendent les mille occasions de bien-être ou de gêne mutuels, se présentent avec une spontanéité habilement préparée : car c'est là que va se manifester la sympathie ou l'antipathie de ces deux enfants, qui s'ignorent au début bien qu'ils soient, dès leur première entrevue, destinés à vivre ensemble.

Rien ne doit être négligé.

Ne croyez pas qu'il soit indifférent de provoquer, de la part de ces enfants, la manifestation de leur sentiment propre sur les choses les plus frivoles en apparence.

Prenez garde de placer vis-à-vis l'un de l'autre des jeunes gens dont l'un soit simple, rond de manières, brusque, facile à émouvoir, et l'autre affecté, prétentieux, froid, compassé, difficile à toucher.

Prenez garde de ne pas exposer la nature franche,

ouverte, sans arrière-pensée, de l'un aux façons cachotières, mystérieuses, dissimulées de l'autre.

Deux jeunes gens qui, doués de gentillesse ou de beauté, s'éprennent aux premiers regards, sont bien prompts à perdre leur illusion. Dans les premiers essais de cette étude mutuelle, la brusquerie peut plaire, comme étant le signe d'une franchise réelle, gage de sérénité dans la vie ; l'afféterie, la dissimulation même, peuvent passer pour l'effet d'une réserve, d'une timidité louables ?

Mais deux défauts dans la vie pratique sont les éléments d'une discorde qui vient bientôt briser le bonheur.

Dans la vie commune, il ne faut pas que l'époux oublie les égards dus à l'épouse, dont il doit ménager la délicate nature et les instincts précieux : la comparaison de sa brusquerie avec la douceur distinguée des courtisans de la foule peut produire dans le cœur de sa femme un trouble dont il est responsable.

Il ne faut pas, en regard, que la jeune femme, liée par son affection à celui qu'elle a choisi, jette sur son chemin l'affreux, l'incurable chagrin du soupçon, par ses façons d'être mystérieuses, dissimulées. Rien ne doit être caché dans la vie commune; il n'y a pas de bonheur vrai dans l'état de suspicion. La franchise, l'élan de l'âme, le besoin de fondre ensemble ses pensées, la grandeur de ses contemplations faites ensemble dans la vie, la hauteur de vues au milieu des petitesses mondaines, cette sainte et radieuse sécurité de deux cœurs se soutenant l'un l'autre, la lutte acceptée dignement et, par conséquent, sans artifice ; l'homme, en proie aux pièges des misérables qui le jalousent, accusé, calomnié, pouvant tout dire, tout révéler, tout expliquer à celle qu'il aime, à sa compagne, dans cette lutte odieuse; la femme, point de mire des attaques d'un autre genre, entourée de pièges, et venant, naïve et honnête, tout dire, tout révéler, tout expliquer, à son tour, à celui qui doit la protéger ; voilà la loi du bien-être ; voilà le vrai principe du bonheur dans le mariage.

Une vie longue, prospère, de dévouement mutuel, devient la conséquence forcée de cet épanchement spontané de deux êtres qui sont voués à une existence commune : une vie de douleur, de tourment, de souffrances intimes, de langueur morale, est nécessairement la conséquence de la dissimulation.

XII

Entrons-nous plus avant dans l'examen de cette psychologie spéciale ?

Oui, car le juriste ne doit jamais indiquer ce que doit être la réforme de la loi sans se rendre un compte exact, scrupuleux, philosophique, de son guide : le cœur humain.

Il n'est pas indifférent de suivre l'homme et sa compagne dans les phases de leur carrière. Ils sont, en effet, à chaque pas, exposés à rencontrer, soit un aliment, soit un obstacle à leur bonheur, dans les actions les plus fréquentes de la vie, parce que les habitudes dans lesquelles la société les place fournit à leur naturel l'occasion impérieuse de se produire et de là découle leur bonheur ou leur fortune.

Rien n'est frivole dans la vie : les plus grandes catastrophes naissent, trop souvent, d'un simple malentendu, d'un désaccord sans valeur.

Donc, tout se ressent de l'état sympathique ou antipathique des deux époux.

Une des causes délicates du bien-être ou du malheur entre époux est, on ne le croirait pas, la divergence des opinions politiques ou religieuses.

Lorsque la Révolution de 1848 éclata, beaucoup de démocrates, de socialistes, de publicistes, s'emparèrent d'une question fort grave : la femme doit-elle ou non jouer un rôle dans la politique ?

Sans aucun doute, la femme, par ses merveilleuses aptitudes, par ses instincts, par son instruction, souvent par les émotions auxquelles l'ont soumise nos cent dernières années de révolutions, la femme peut bien revendiquer le triste honneur d'être mêlée aux événements, aux discussions, aux guerres intimes de son pays.

Les révolutions ont fait de véritables héroïnes, et ce serait vouloir proclamer la déchéance de la femme que de lui refuser un rôle dans les collisions auxquelles la vie politique nous entraîne.

Mais il faut le dire : il y a, pour ce qui regarde la question qui nous occupe ici, à savoir le mariage, une condition absolue, impérieuse, fatale : c'est que la femme, l'épouse qui s'occupe de politique, n'ait pas d'autre opinion que celle de son mari. On ne saurait calculer les causes de discorde qui se cachent dans les discussions qui ont trait à la *politique ;* et si, par malheur, deux époux sont divisés sur ces questions, il leur est impossible de vivre heureux.

La communauté d'opinion inspire des actes d'héroïsme. Camille Desmoulins meurt poétiquement, sous la délicieuse inspiration de sa femme ; dans les événements tumultueux de notre temps, tout explique la tendre sollicitude, le légitime orgueil de la femme attentive aux triomphes parlementaires et publics de celui qui lui a donné son nom ; mais, par contre, rien n'est plus contraire au bien-être, rien n'excite plus l'antipathie, dans la vie privée, que la divergence des opinions entre mari et femme, — bien heureux si cette différence ne prend pas un jour le caractère d'une trahison.

XIII

Quant à la *religion !* les dissidences entre époux, sur ce point, sont un monstrueux élément d'antagonisme et d'ardente discorde.

Nous respectons trop la liberté de conscience et les véritables croyants pour ne pas admettre qu'il se trouve parmi les ministres des diverses religions humaines des hommes imbus de sentiments sincères.

La plus humaine de toutes les formules, en matière de morale religieuse, est, selon nous, la Bible et l'Évangile.

La liberté, l'égalité, la charité, tout ce que l'âme ressent de plus élevé, tout ce qui sert de lien entre les hommes, vient se résumer, se concentrer dans ces paraboles.

Il est vrai que l'impartialité de notre examen sur les religions qui règnent en ce monde nous commande de faire une remarque générale : c'est que les diverses religions ont à peu près la même morale, et qu'elles ne se différencient que par les dogmes et le personnel religieux.

Il ne nous appartient pas de discuter ici théologiquement ; selon nous, la meilleure de toutes les religions est celle qui ne se livre à aucune polémique passionnée, qui s'inspirerait des progrès utiles à l'humanité, et dont les ministres seraient reconnus et accrédités comme les véritables apôtres du bien-être universel.

Nous parlons ici de ce qui se passe dans l'hémisphère que nous habitons. La majorité de notre pays est catholique ; et nous avons eu bien souvent à signaler la charité, la bienveillance, le dévouement de quelques bons prêtres de cette religion, surtout dans les campagnes.

Nous croyons que personne ne contestera cette vérité ; c'est que plus on s'abaisse dans l'*Ordre*, plus les ministres de la religion catholique sont dignes de confiance, par la simplicité de leurs mœurs, par les privations réelles de leur vie. Nous en avons vu qui, forcés d'administrer au milieu des montagnes, étaient les véritables pères de famille des habitants de leurs pauvres communes.

Exposés à l'intempérie des saisons, condamnés à une sorte de claustration intellectuelle, vivant dans un monde où la pensée est en complet sommeil, des pauvres curés subissaient, avec un courage héroïque, les privations physiques et l'atonie morale.

Nous n'avons pas besoin de parler de ces admirables missionnaires, s'exposant aux dangers les plus grands, soit en traversant les mers, soit en pénétrant hardiment au milieu des peuplades les plus sauvages, en se présentant désarmés, et, par conséquent, ne pouvant avoir, pour les défendre, que leur Dieu qu'ils cherchent à expliquer. Ces hommes-là sont les vrais soldats de la foi. Qui ne respecte leur courage ? Qui n'applaudit à leur mission ? Mais, est-ce pour eux qu'est organisée la luxueuse Église catholique ?

Pauvres, couverts de cicatrices, le cœur douloureusement atteint du triste spectacle des erreurs humaines, lancés dans un tourbillon où leur âme a bien de la peine à se défendre contre les séductions qui les arracheraient à leur pénible mission, ces hommes sont les véritables apôtres de toutes les religions, parce qu'ils traversent le monde entier, cherchant à y faire pénétrer le bien et combattant le mal.

Certes, ce sont là les bons prêtres.

Parlerai-je du vicaire d'une grande église de Paris, homme simple et bon, que j'ai connu, et qui, depuis dix ans, a eu la généreuse pensée de vouer sa vie aux soins que réclament de lui de pauvres enfants, frappés d'une maladie incurable?

Je l'ai vu, ce brave homme, refusant tous les honneurs de la carrière ecclésiastique, espèce de saint Vincent de Paul, à côté du lit de ses jeunes malades, qu'il appelle *ses enfants*, les soignant luimême avec toute la délicatesse d'une dame de charité.

Un jeu de mots charmants de ce digne homme : On a voulu lui donner la croix, pour le récompenser du soin admirable qu'il donne à *ses incurables*. Il l'a refusée par modestie : « Savez-vous, mon ami, me disait-il, le gouvernement m'a donné le témoignage d'une grande sympathie. Il m'a traité comme notre Sauveur, « à qui l'on a donné la *croix*.... qu'il n'avait pas méritée ! »

Sans aucune ressource, il avait commencé son œuvre dans un modeste réduit... Il n'avait qu'un petit nombre d'enfants ; cela s'est développé à tel point qu'aujourd'hui, ce bon abbé M... (que je ne nomme pas, par respect pour sa modestie) se trouve à la tête d'un hospice considérable de trois cents enfants incurables... Il en est triomphant.

La religion véritable, la voilà.

C'est bien ainsi que l'on doit appliquer les saintes et belles maximes du Christ. Mais, heureusement, combien de ministres de la religion ne sont que les instruments d'influences dont la fin n'est autre chose que la domination, l'envahissement du pouvoir clérical dans les choses temporelles.

XIV

Nous vivons dans un temps où la religion, livrée

à des combats ardents, devient pour les familles un élément de séparation.

Depuis une douzaine d'années, en France, plusieurs causes d'antagonisme ont ouvert l'arène à la discussion de dogmes nouveaux, et tendent à ramener les esprits sur le terrain brûlant des luttes religieuses.

Nous citerons deux éléments de cet antagonisme qui prend de menaçantes proportions.

La nouveauté du dogme de l'*Immaculée Conception* a surpris les familles ; et l'accueil fait, sous l'influence d'un étonnement suprême de la part des uns a semé le germe de certaines discussions irritantes. En général, le mari n'a pas accueilli, d'emblée, avec une foi bien vive, un dogme sur lequel dix-neuf siècles ont passé sans que personne eût l'idée de l'ajouter aux articles, déjà si nombreux, de la foi. Mais la femme, chez qui le directeur religieux tend, de nos jours, à exercer une influence très suivie et très ardente, a été entourée, circonvenue, excitée, surexcitée même, sur cette nouveauté, et le trouble s'est produit à cette occasion.

Une autre cause d'irritation s'est introduite au foyer domestique, la question du *pouvoir temporel* du pape.

Une véritable agitation religieuse, soufflée par le clergé, s'est alors propagée au sein des familles.

Le rôle du prêtre qui, jusqu'à ce jour, n'avait pas eu de prétexte pour défendre les questions spéciales, en ce qui concerne la religion, est devenu d'une activité qui, sans aucun doute, devait faire naître et a développé des germes de discorde, en matière religieuse.

De nos jours, l'influence cléricale a pris un caractère dominateur. Jamais peut-être, en France, le clergé n'était intervenu dans les affaires intimes de la vie privée d'une façon aussi directe.

Jamais, le père ne s'était trouvé dans une nécessité plus urgente de faire la différence entre le ministre de la religion, pur de toute arrière-pensée de domination, consolant les affligés, soulageant les âmes souffrantes, et le prêtre chargé de recruter, dans le sein des familles, des âmes militantes en faveur d'une religion qui prend à tâche de dénaturer sa mission spirituelle pour en faire un pouvoir... et le plus redoutable de tous les pouvoirs.

Les mauvais prêtres, en effet, sont les soldats d'une armée portant l'étendard de la religion contre toutes les libertés, contre tous les progrès : L'ARMÉE NOIRE, et qu'il faut combattre avec énergie.

Voyez-les manœuvrer !

XV

Ces soldats, *sui generis*, ont pris, pour s'affubler

aux yeux de la multitude, qui, silencieuse, les voit passer comme des ombres, la couleur des ténèbres... Ils s'en vont par les chemins, se glissant, furetant, le pied enchâssé dans les souliers pantoufles, marchant très ferme, quoique sans bruit, tout de noir habillés...

On ne les entend pas ; à peine les voit-on ; ce n'est pas aux lumières éclatantes de ce beau soleil qui resplendit à nos yeux, à la lueur de ses splendeurs, que ces hommes noirs marchent.

Ils choisissent les corridors sombres, les allées noctifères, les égouts cachés ; ils ont des issues secrètes, des portes mystérieuses, par lesquelles ils se faufilent. On ne les entend pas, on ne les voit pas ; et pourtant, ils sont là, ils sont partout.

Les femmes, les enfants, leur ont livré, dans de mystérieux colloques, aux épanchements de superstitieuses confidences, dans le frôlement de soie imprégnée de ces odeurs suaves des encens, de la myrrhe et des senteurs enivrantes, leur ont livré, dis-je, les clefs de ces asiles sacrés que l'on appelait anciennement, les *Dieux-Lares*, les *Pénates*, et qu'on nomme de notre temps les *Foyers de Famille*, le *Home*, le *Sweet-Home !*

Ce vêtement long et noir sans éclat, ce voile de la modestie, les rend si respectables ! Avec quelle simplicité ces excellentes personnes se présentent aux yeux des créatures affaiblies par l'éducation à laquelle nous les avons imprudemment vouées ! Nous nous y sommes mépris nous-mêmes..... quand ils se sont produits, tout d'abord, auprès de nous ; nous avons admis, avec cette indifférence qui est le type de notre nature, ces hommes saints et simples de costume et de langage.

XVI

En entrant, ils ont prononcé quelques paroles qui nous ont séduits tout d'abord : la *charité*, l'*amour du prochain!*... Qui peut s'opposer à ce que celle qui défend le foyer de la famille éprouve les suaves émotions qui ne s'inspirent d'abord que des élans de la charité...

Le moyen de repousser les deux jolies petites mains roses de ces petites créatures adorables qui tiennent nos destinées avec nos amours et qui défendent si chaudement le nouveau venu ! Ce travail s'est fait à notre insu, à pas de loup, tout doucement, tout subrepticement ; on est arrivé, comme cela, vers nous, presque sur des tapis de fleurs ; on a placé devant nous, notre propre entourage, ces chères fortifications que la nature et que l'amour ont créées, ont élevées, ont crénelées... pour nous renfermer vivants

Ce travail latent s'est fait... et c'est tout juste lorsqu'il a été accompli que nous nous en sommes aperçus : et alors.... il n'est plus temps de le détruire !

Aveugles que nous avons été ! C'est au réveil que nos yeux voient se dresser, derrière ces images séduisantes et parées, la grande ombre du tableau de famille ! C'est au réveil, quand nous sentons, dans le beau milieu du cœur, le poignard fumant de leur hypocrisie, enfoncé jusqu'à la garde, que nous voyons se dresser ces *soldats de l'armée noire !* Mais, nous avons beau crier : notre voix est étouffée par ceux-là mêmes qu'ils ont lancés contre nous, sous l'inspiration des émotions les plus tendres. Nous avons la gorge serrée, et notre souffle ne peut articuler aucun son, aucun cri de détresse : ils ont bouché leurs oreilles ; ils nous ont fermé l'accès de leur âme ! Si nous nous retournons, le soldat noir est là ; c'est le fantôme... Si nous voulons même user de notre droit, si nous voulons frapper, notre arme, émoussée, frappe dans le vide.... Ombres impalpables, corps rendus invisibles, gnomes ténébreux, les soldats noirs s'effacent à nos yeux comme les choses de couleur noire quand la nuit vient.

Tout nous fuit, tout nous échappe, tout disparaît au moment où nous croyons mettre la main sur l'objet même.

Si nous voulons faire acte d'autorité, puiser dans la loi humaine la force paternelle, nous ne rencontrons que le silence. On entend bien notre voix, nos plaintes, nos prières, nos supplications ; mais on n'écoute pas nos supplications, nos prières, nos plaintes, notre voix...

Pas un mot qui nous résiste, pas un argument qui soutienne la polémique, pas une parole tendre qui réponde à l'élan de notre cœur brisé...

Partout, le soldat noir apparaît... Sa main est là, placée sur une lèvre sèche, riante, blafarde, l'index levé ; et l'enfant naïf et la femme sont devenus deux statues du silence, se dressant devant nous, regardant fixement sans nous voir, nous entendant sans nous écouter... Le soldat noir est auprès d'eux. Il nous enveloppe ; il nous étreint sous le magnétisme qu'il lance sur les nôtres... C'est le *Méphistophélès* moderne... Il a changé de costume, voilà tout : tel est le mauvais prêtre !

XVII

Et ne croyez pas que nous dressions ici, devant vous, le fantôme d'aucune fiction. Jamais, à aucune époque de notre histoire, ce travail ne s'est produit avec autant de puissance que de notre temps. Cette partie du clergé sait que la séparation de l'Église et de l'Etat est imminente, et que, dans le cas très probable de cette rupture, le résultat le plus clair sera de placer le clergé dans une sorte de dépendance, la foi devenant seule l'élément des ressources du culte.

Le clergé ne peut abandonner un émargement facile et risquer ainsi d'avoir à se créer des ressources, à se préoccuper de son budget. Nous savons, du reste, que les biens du clergé sont, en France, un produit considérable ; que les donations, les offrandes, les deniers de toute espèce, se verront bientôt augmentés des versements spontanés de fervents catholiques, qui trouveront dans la formation de ce pieux budget un moyen de plus de mériter les faveurs et les indulgences promises à leur ferveur.

Il y a des gens, dans le clergé, qui prétendent avoir contre la séparation de l'Église et de l'État un argument que voici : ils disent que les fonds qui leur sont versés par l'État représentent une indemnité légitime pour couvrir ce qu'ils appellent la spoliation par la première Révolution des biens du clergé. C'est une erreur.

Nous n'avons pas besoin ici de recommencer les calculs qui ont été produits si souvent sur cette matière, et qui démontrent, chiffres en mains, que la somme de ces biens se trouve être et au delà bien couverte par la restitution annuelle qui leur a été faite.

Nous n'y reviendrons pas ici.

Le prêtre s'est accoutumé depuis longtemps à ce que l'État réalise lui-même à son profit la maxime « *qu'il vit de l'autel,* » et la seule préoccupation qui pourra lui échoir de se soumettre à une perception purement facultative devra dénaturer à certains égards le caractère de désintéressement apparent qu'il savait apporter dans son humble attitude...

Sa vie matérielle lui était assurée, et le modeste *casuel* qui venait s'y ajouter n'était qu'un contingent où figurait la foi sous forme d'offre... ce qui, du reste, se traduisait par un luxe incompatible avec l'essence même de l'institution et des principes d'humilité recommandés par l'Évangile.

Donc, cette domination du directeur, cette tendance à pénétrer dans le foyer domestique, cette influence si puissante n'est pas seulement une question de doctrine, mais une question de dignité et surtout d'existence, tout près de devenir une question très matérielle... une simple question d'argent.

En tout cas, revenant à notre point de départ, nous déclarons que, de nos jours, ce qu'ils appellent *la religion* est devenu l'élément le plus actif de division dans les familles : vérité dangereuse et dont le péril ne peut être conjuré qu'en laissant le prêtre dans son église ; car, du moment où le prêtre aura l'accès du foyer domestique, à ses heures, selon les caprices d'une direction spirituelle dont les limites ne peuvent être déterminées, le père de famille n'a plus qu'à sortir de la maison ; l'influence de cet homme ne peut que lui laisser la seconde place, et cette place sera bientôt complètement effacée.

XVIII

Aucun contrat humain n'est donc plus dangereux que le mariage, c'est-à-dire mariage de convenance, de spéculation, de sympathie ou de devoir ; tous sont soumis aux règles éternelles de la nature humaine et de ses imperfections.

Les sentiments, les opinions, les instincts consolident ou détruisent ce contrat ; et si, par malheur, il devient nécessaire de l'effacer, s'il faut rompre le lien, il ne reste plus dans notre législation que la ressource de la *séparation de corps.*

Eh bien, nous croyons que le divorce est infiniment préférable et nous allons le démontrer.

Examinons, en effet, la situation légale et sociale de deux époux vivant chacun sous le régime de la *séparation de corps.* Et comparons cette situation avec celle que leur donnerait le *divorce.*

La séparation de corps place le mari et la femme comme deux parias dans la société.

La femme ne peut aller seule dans le monde sans

y être l'objet d'attaques, de calomnies, de médisances incessantes.

Le premier hommage qu'elle reçoit, fût-il le plus respectueux, le plus désintéressé, la met en état de suspicion. Sa réserve est de l'hypocrisie ; sa grâce et son esprit, une espèce de cynisme que l'on commence par qualifier d'indifférence étrange et qu'on finit par déclarer être un scandale.

Si la femme séparée est honnête, et si, pourtant, jeune encore, accessible aux sentiments les plus doux de l'âme, elle rencontre dans le monde quelque véritable ami dont le premier soin est de la consoler, et qui bientôt s'attribue, comme un devoir, le rôle de protecteur contre le sarcasme, l'attaque directe, l'injure même, veut-on que cette femme y soit insensible ?

Non, sans doute ; alors la lutte commence. Lutte de la femme avec elle-même ; lutte de l'ami chez qui la générosité de sa conduite le rend scrupuleux sur l'état de son âme : sa protégée est-elle belle et riche, dans quelle position sa délicatesse le maintiendra-t-elle ? Les portes du monde s'ouvrent bien timidement devant la femme séparée ; mais, si elle y entre seule, l'œil de la société, malveillant argus, regarde méchamment si quelqu'un ne l'a pas précédée ou ne l'a pas suivie.

Les femmes à qui le mariage est léger, qui en sont

encore à l'état normal, qui n'ont pas encore ressenti dans leur cœur les angoisses de certaines douleurs matérielles ou morales, sont implacables ; elles jettent dédaigneusement leurs regards sur cette malheureuse déclassée qui passe auprès d'elles ! Combien même de ces dames qui couvrent leur trahison du manteau conjugal et qui trouvent étrange, malséant, scandaleux, qu'on ait invité cette femme séparée, là où, disent-elles impudemment, il n'y a que des femmes honnêtes.

Que si quelqu'une de ces spectatrices froidement cruelles trouve dans son cœur un remords, et se sent assez indulgente pour compatir à la fausse position de cette infortunée, avec quelle complaisance humiliante elle lui accorde l'aumône de sa bienveillante sympathie ! De quel air la protégée peut-elle écouter les homélies d'une compassion plus blessante que l'audacieuse et franche injure ! Alors la femme séparée, toute seule, ayant besoin d'appui, se décide, pour être défendue, à briser cette chaîne pénible du devoir sans compensation.

Elle se décide à prendre le bras de cet ami, de ce protecteur qui impose silence, du moins, aux lâches insulteurs d'une femme, mais qui, pourtant, malgré son courageux dévouement, n'a pas lui-même sa conscience à l'aise.

Que si la femme séparée se résigne à ne voir personne au monde, si elleconsacre honnêtement sa vie à l'ami qui s'est dévoué, qui dira les angoisses intimes de cette existence de deux parias au milieu même d'un monde qui passe et dont le silence et le mutisme sont plus terribles, plus douloureux, quelquefois, que l'éclatante injure.

Qui pourra décrire la souffrance profonde, mais gênante, de la femme qui voit dans son ami ce qu'elle appelle son sacrifice... qui se demande si la régularité de la vie qu'ils mènent n'est pas un obstacle à son bien-être ; si l'égalité de son humeur n'est pas l'effet d'une patience héroïque , ou si les quelques petits nuages inévitables qui courent sur leur ciel ne sont pas les précurseurs d'un orage?...

Sans doute cette solidarité d'affection, ces épanchements intimes, cette confiance protectrice de l'un pour l'autre, tout cela constitue au profit des deux amants (car c'est là leur titre) une compensation vraiment délicieuse à cette répulsion mondaine qui ne repose, souvent, que sur un injuste préjugé... car, enfin ! est-ce sa faute, à la femme, si la loi rend sa vie hypocrite et si elle est forcée de voler, d'escroquer le bonheur, ne pouvant rompre un engagement qui s'est entaché d'un stigmate inévitable.

Mais ce dévouement réciproque est-il d'une constitution assez robuste pour résister avec une énergie invincible contre la fausseté d'une situation qui n'en provoque pas moins l'outrage, si injuste qu'il puisse être ?

Alors si la lassitude les gagne, ces deux prisonniers de la même chaîne d'affection ; si la négligence, ce dissolvant fatal, se met entre eux... tout est perdu. L'homme s'est dévoué, cela est vrai ; mais, du jour où il cesse d'être affectueux, il prend la femme séparée pour la précipiter dans un abîme, au fond duquel elle ne peut que rencontrer le désordre.

Du jour où l'infortunée a cédé pour une seconde fois, fût-elle excusable à ses propres yeux, elle est perdue à jamais, elle ne peut entrer dans le même asile, dans le même salon, dans le même monde, que la femme adultère, mais *mariée*. qui s'est signalée par le nombre de ses bonnes fortunes.

Celle-là passe auprès de celle-ci, qui est appuyée nonchalamment sur le bras d'un époux officiel trompé... mais toujours officiel ; elle a le regard superbe, en disant : Comment peut-on recevoir ça, quelle impudence !

Parlerons-nous, maintenant, des enfants ? Examinons la situation du mari et de la femme séparés de corps s'ils ont des enfants.

Il n'est rien, selon nous, de scandaleux, d'immoral, d'anti-naturel, rien d'injuste, tout à la fois, comme cette position.

Parlons du mari.

Les tribunaux, en lui accordant sa séparation de corps, ont tout de suite, au point de vue légal, et (qu'on nous permette de le dire) au point de vue naturel, rompu, brisé le *domicile conjugal.*

Suppose-t-on possible que l'homme, avec sa nature, ses appétits, ses désirs, disons plus, ses besoins, ait fait vœu de chasteté, le jour où il s'est délivré d'une femme qui ne peut, qui ne doit plus être sa compagne, dans le cas, par exemple, où l'adultère a été la cause de la décision des tribunaux qui les a séparés ?

Et, dans ce cas, le législateur, qui doit tenir compte, dans les dispositions que la loi ordonne, de tout ce qui constitue l'humaine nature, ne s'aperçoit-il pas qu'il a effacé, en détruisant le *domicile conjugal,* l'adultère parmi les fautes entraînant la pénalité prononcée contre le mari « entretenant une concubine dans le domicile conjugal. »

Dès lors, qu'arrive-t-il ?

Le mari, qui, à tout prendre, est un homme, a, nécessairement, toutes les passions inhérentes à sa nature : il rencontre dans le monde une femme, il est encore jeune, il se fait aimer ; si la femme est libre, il s'attache à son sort: la conséquence est de voir s'établir la situation que voici :

Une concubine (ainsi dénommée par la loi) entretenue dans le domicile non conjugal d'un mari;

Une jeune femme entraînée et perdue aux yeux de la société ;

Un mari qui doit renoncer au monde, voilà le côté de cet époux séparé.

Et du côté de la femme :

Une femme désarmée par la loi, ne pouvant attaquer son mari *séparé* pour cause d'adultère; tandis que, si elle-même commet ce délit, elle est justiciable du tribunal correctionnel.

Position anormale, injuste, donnant à l'un un privilège d'impunité refusé à l'autre.

Et maintenant, que vont devenir les enfants qui peuvent naître de cette union morganatique (diraient les Allemands), de ce *connubium* (diraient les anciens) ? Sous quel nom les inscrire, ces enfants ? Nécessairement, sous le nom de la mère. Les voilà donc, ces pauvres créatures, bien innocentes des circonstances anormales de leur naissance, déclarés bâtards par cette belle loi de la séparation de corps.

En vain la tendresse du père, qui ne peut donner à ces enfants ni son nom ni sa fortune, les accompagne dans la vie ! Chaque jour, chaque instant, sont consacrés, par les liens inaliénables, inévitables de l'amour paternel, à l'éducation de ces enfants, à qui l'on a donné le nom d'enfants naturels quand ils sont nés de deux célibataires *hors mariage*, et auxquels on ne peut donner que le nom d'adultérins, bien qu'ils soient nés sans adultère légal possible. Cette tendresse n'est pas reconnue par la loi.

Pourtant, ces enfants-là grandissent sous les yeux de leurs père et mère *illégaux*. Ils se sont habitués à leur donner ce nom si pur, si expressif, comme aussi le nom de fils ou de fille les accompagne dans la vie.

Ne trouve-t-on pas que ces naissances d'enfants constituent, par la loi de séparation de corps, les circonstances les plus immorales du monde ?

On ne peut imaginer le spectacle dramatique que présentent aux yeux du moraliste ces deux bureaux de la mairie que l'on nomme le bureau des naissances et le bureau des décès ! Rien n'est plus étrange que l'histoire biographique écrite officiellement sur ces registres de l'état civil !

Voyons !

Nous avons étudié, personnellement, le petit drame qui, chaque jour, se déroule sous les yeux des assistants, et nous croyons devoir ici le reproduire, tant il y a d'enseignements dans cette curieuse physionomie du fait légal de l'*état civil*, la base de notre société.

Il est dix heures du matin.

Le guichet de la mairie pour le bureau des déclarations de l'état civil est ouvert.

Une grande affluence de gens se présente, et tous paraissent pressés. Nous nous sommes placé dans l'angle le plus obscur de la salle : cette salle est éclairée par des fenêtres cintrées de dix-huit petits carreaux assez minces. Deux bureaux à pupitre sont dressés devant une des fenêtres ; au-dessus de l'un d'eux est écrit, sur le mur humide à voûtes jaunes, le mot *naissances* ; — en face, sur le mur, pareillement humide et aussi à voûtes jaunes, est écrit le mot *décès*. Deux employés tiennent la plume, séparés par une balustrade du public, qui s'approche tout à fait comme à la porte d'un théâtre, chacun des intéressés, trois par trois, à savoir : l'intéressé principal et deux témoins.

Bien que ces deux honorables fonctionnaires aient de leur besogne une grande habitude, et bien qu'une grande habitude inspire ordinairement une grande indifférence, l'on ne peut s'empêcher de reconnaître que l'employé des naissances porte sur sa physionomie expressive un certain reflet de philosophie contemplative et profonde qui dit bien haut que cet employé va transcrire sur un froid registre une chose bien vive et bien ardente, tout l'avenir d'une génération. L'employé des décès, lui, porte sur son visage le reflet d'un sentiment tout opposé. Il semble que le « *consummatum est* » ait doué ce brave enregistreur du fait accompli d'une dose complète d'indifférence aénéenne.

La mort, c'est-à-dire la fin de toute chose, revêt cette figure atone d'un voile bistre cuivré, qui ressemble à la couleur de ces vieilles urnes antiques où au moins les cendres mêmes de ceux qui furent chers à quelques pauvres cœurs humains étaient rangées dans l'oratoire intime du foyer domestique : Dieux-Lares de l'affection, dépouilles opimes de ces doux sentiments, la fleur de nos ronces dans la vie!

L'employé aux décès voit passer tout le jour des témoins, de noir habillés, qui viennent lui dire tout compendieusement que leur proche vient d'entrer dans ce monde, hélas! si peu connu, mais dont les croyants font une colonie douce ou cruelle, pleine de senteur ou de flammes brûlantes, consolation ou sanction.

Cela s'annonce avec le même chagrin presque toujours. Puis, la première phrase de la douleur prononcée, *l'employé aux décès*, qui fait partie d'un caveau de chansonniers, se met à regarder les « déclarants » avec une moue si drôlement triste, et un œil si tristement grotesque, que cela peut passer pour un point d'interrogation d'héritage?

« La succession est-elle ou n'est-elle pas grasse? »

Voilà la véritable question qui paraît s'élancer muettement pourtant) des rides ricaneuses de cette face jaunâtre. Puis, l'inscription terminée, l'on voit bien que *la fin des fins* a passé par là... le registre est une lettre morte comme l'inscription : *consummatum est ! consummatum est !*

Il est facile de reconnaître la banalité de la douleur qui constate la fin d'une existence : l'instant détruit, l'émotion éteinte, le sanglot tôt ou tard étouffé, souvent une joie féroce éclatant comme un ricanement métallique d'or ou d'argent, tout cela est vite analysé.

Mais ce qui, surtout, attire notre attention, c'es la déclaration des *naissances*.

Prenons notre agenda, et tâchons de tout entendre et de tout noter.

Le premier personnage qui se présente est un jeune homme de vingt-cinq ans, dont la physionomie accuse tout à la fois le bonheur et la fatigue. Vêtu simplement d'un paletot bleu barbeau, d'un gilet et d'un pantalon noirs, une cravate de satin noir mat autour du cou, le col de chemise de toile un peu dure, mais bien blanche, rabattu, Jérôme Claudet est radieux. Il porte dans ses bras un gros garçon, joufflu comme une radieuse pomme d'api, ne pleurant guère et roulant même son œil bleu, tout naissant, vers la fenêtre, comme l'oiseau qui becquète la liberté sur les carreaux.

— Jacques-Jérôme Claudet, mon officier, voilà les nom et prénoms du citoyen.

— Ah ! c'est vous, monsieur Jérôme ? Diable, voilà un beau soldat.

— Non, un bel ouvrier, mon officier, si vous le permettez, et madame, qui vous fait bien ses compliments de son quatrième (hein ! depuis cinq ans, ça ne va pas mal), serait bien venue elle-même, n'était un diable de mal de *mère* qui l'a retenue au lit... sans calembour. Présents, le père Nicolas, notre chef de file, plus mon brave frère Mathieu. »

Les deux témoins saluent ; ils signent, et tout est dit.

Voilà donc une famille heureuse...

Après ce groupe, si loyalement joyeux, passent quelques braves pères de famille guidés dans leur déclaration par un jeune aspirant enregistreur, parlant de leur *épouse* avec un gros épanouissement annonçant à l'employé que « la mère et l'enfant se portent bien ». Ce n'est pas de la poésie dans le bonheur ; c'est de la prose dans l'ordre de la vie... tant mieux pour ces bonnes gens !

Tout à coup, il se fait un grand bruit de portes battantes qui s'ouvrent, et laissent passer plusieurs messieurs décorés, parlant haut et accompagnant un des leurs, visiblement glorieux et fier ; l'enfant est porté par une sage-femme ornée de dentelles.

— Monsieur, dit le personnage glorieux en s'adressant avec un certain ton d'aristocratique impertinence à l'officier de l'état civil, je suis le comte ***, veuillez inscrire les nom et prénoms suivants: Anatole-Charles-Camille de ***.

Quant à l'observateur, il peut remarquer que l'un des témoins a bien souvent « proclamé tout haut, pour la galerie, qu'il était fier, très fier d'être le parrain de ce bel enfant. »

La noble partie s'éclipse, non sans faire beaucoup de bruit.

Voilà une famille régulièrement dotée des avantages légaux de la naissance : *pater is est quem justæ nuptiæ demonstrant*.

Pendant que l'on inscrit cet enfant officiel, nous avons vu, dans un des angles opposés de la salle où cette scène se passait, deux hommes, fort bien mis, l'un assez jeune, l'autre ayant conservé, dans les traits et la chevelure d'un sexagénaire, une verve, une verdeur d'allures très remarquables.

Ces deux personnages paraissaient fort attentifs à éviter le cortège aristocratique qui les a précédés. Il y avait une intention marquée de leur part d'éviter la société élégante qui a laissé son parfum dans la salle.

Aussitôt la salle vide, *l'employé aux naissances* fait signe aux deux personnages.

— Veuillez approcher, monsieur, fait cet employé avec un ton très respectueux et à voix basse.

Nous sommes seuls, maintenant; comme je vous le disais hier, lorsque je suis allé vous voir pour constater la naissance de cet enfant. La loi est formelle. Nous ne pouvons accepter votre déclaration en paternité. Vous êtes marié, vous êtes bien le père de cet enfant, né d'une demoiselle célibataire, mais vous ne pouvez figurer sur l'état civil comme étant le père. Je dois donc écrire: « Est né un enfant du sexe masculin de demoiselle X..., né à... et de... père inconnu; » que voulez-vous, c'est la loi.

Pourtant le père est depuis longtemps séparé de la femme qui porte son nom, et le père de cet enfant adultérin est dans l'impossibilité absolue de reconnaître cet enfant, le fruit d'un amour qui s'est ainsi dévoué à sa vie de délaissement. Cette scène, prise sur place, a son enseignement; d'abord, c'est ce bel enfant, aux yeux d'azur, qui est venu là, porté par ces deux bras loyaux et énergiques de cet ouvrier si plein de sa belle joie naïve: c'est comme une fleur de franc honneur qui s'épanouit sous cette inscription signée du grand-père et du père, fêté par cet habit bleu barbeau et ce linge blanc sur un col de bronze aux reflets d'or. Puis, c'est le bâtard blasonné, mais légitimé par un père qui n'est que le manteau de ce parrain. Nous avons pu deviner la grossière joie de ce déplorable cortége de gens décorés et titrés, narguant avec élégance le père patenté, municipalisé, enregistré, mais faux, apocryphe, berné, ridicule, quoique heureux et légalement père.

Enfin, pour compléter le tableau, voici venir un bel enfant, né de la jolie et radieuse compagne de ce paria, de ce légal, l'époux séparé de corps de sa femme, et ce pauvre enfant porte au front, le pauvre innocent ! Cette tache indélébile : « *Né de père inconnu.* »

Voyons un peu, raisonnons, approfondissons, en jurisconsulte et en moraliste, cette étrange législation ; quels sont la cause, le motif, le prétexte de cet accès donné dans nos lois au mensonge, à la trahison ! Oh ! nous comprenons jusqu'à un certain point que le mari trompé, sans le savoir, crédulement étendu sur le duvet moelleux d'un habile adultère, se sente heureux de porter ce doux titre de père, absolument comme le mulet de la fable ou comme l'âne chargé de reliques, et qu'il accepte les fruits adultérins et cachés de la femme assez odieusement dépourvue de probité pour donner à cet enfant un nom volé. La foi le sauve, ce malheureux mari !

Il nous répugne de supposer, pourtant, que, dans le courant de sa vie, cette femme sache être assez parjure pour composer son visage, regarder le mari, caressant son enfant qui n'est pas le sien, et lui donnant ce nom divin : « Mon fils, mon premier-né. »

Laissant l'amant, qui est le véritable père, froid, glacé, cérémonieux par calcul, auprès de cette créature qu'il avait rêvée de son amour. Et quand l'enfant grandit ! Quand il devient un jeune homme, et quand la célébrité, la renommée, vient donner de l'éclat à ce fruit d'un adultère, oh ! quelle doit être immense, ineffable, la torture de celui qui sait que ce glorieux enfant est né de son sang, et que cette illustration, dont il s'enorgueillirait, porte l'étiquette d'un nom qui n'est pas celui que la nature lui a donné.

C'est la loi romaine qui le veut !... Qu'y a-t-il à dire à cet argument ?

« *Pater is est quem justæ nuptiæ demonstrant.* »

Mais, comment peut-on laisser subsister dans nos lois cet état anormal, cette étrange disposition qui défend à un homme, sans état comme sans domicile conjugal possible, de priver un enfant, une créature innocente, de porter son nom, quand la vie entière est une espèce d'hymne aux sentiments les plus sacrés de la nature.

Rien, selon nous, ne milite plus énergiquement en faveur du rétablissement du divorce que le scandale permanent qui accompagne nécessairement l'époux séparé de corps.

Mais, que dirons-nous de la femme séparée ?

La femme séparée et mère d'enfants légitimes est en proie à une lutte continuelle.

Elle est placée entre son amour maternel qui l'entraîne, qui lui donne l'élan le plus pur, et la crainte suspendue sur sa tête, comme l'épée de Damoclès, de voir se dresser entre elle et le fruit adoré de ses entrailles le spectre du soupçon.... peut-être du mépris !

Fût-elle la plus méritante des femmes, le jugement de séparation de corps lui eût-il donné raison aux yeux du monde, comme elle s'est elle-même donné raison dans son for intérieur, l'enfant jeté par la décision des magistrats dans cette oscillation contre nature qui le porte tantôt auprès de son père, tantôt auprès de sa mère, n'a jamais cette allure cordiale, naïve, sincère, de l'amour filial.

A quelles angoisses elle est livrée, la pauvre mère ! Quelle blessure mondaine, quelle calomnie, quelle injure, quel sévice peut déchirer son cœur à l'égal de cette arme acérée, mortelle : le doute de son enfant ! Dans cette double ambiguïté qui porte un fils tantôt au foyer d'un père qui peut outrager sa femme absente, tantôt au foyer d'une mère dont la vie est une souffrance ou bien un scandale, l'enfant peut-il puiser le sens moral, le sentiment de son devoir?

Parlerons-nous des enfants adultérins de la femme séparée de corps ? Selon les chances de leur inscription risquée aux registres de l'état civil, ils portent le nom usurpé du mari, ce qui les menace d'une action en désaveu, ou bien à suivre le sort des enfants trouvés sans nom, sans état, sans famille.

Comprend-on la misérable position d'une mère qui ne peut appeler son enfant la créature née de sa faute ?... Comprend-on la situation donnée dans le monde, par la loi, telle qu'elle est écrite, à ce fils, à cette fille, à qui il est interdit d'avoir même une mère ; qui passe, s'il reste au foyer de celle-ci, pour être un enfant abandonné qu'elle a recueilli par charité ; ou bien qu'il faut envoyer au hasard de cette maternité, généreuse sans doute, mais purement administrative, sans laquelle vient s'éteindre le flambeau resplendissant de la tendresse la plus adorable, la tendresse maternelle.

Ainsi, quelle que soit sa destinée, cet enfant devient la victime nécessaire de cette scandaleuse rupture qui n'est pas la liberté véritable, mais le mensonge odieux, imposé au père et à la mère entre lesquels sont ballottés, comme au hasard, les témoignages vivants de leur éphémère union.

Nous connaissons un fait dont nous ne nommerons pas les auteurs, et qui est un des incidents les plus scandaleux que l'on puisse imaginer. Nous avons eu entre les mains les actes, et nous demanderons aux législateurs si le divorce n'eût pas été le meilleur obstacle à la perpétration de cette espèce de crime civil.

Un des hommes les plus élégants d'une grande ville, d'une noble naissance, mais dont le caractère ne pouvait inspirer aucune confiance, criblé de dettes et d'une corruption de mœurs proverbiale, épousait, il y a trente ans environ, la fille très riche d'un artisan.

Il apportait en dot à cette femme un nom, un titre, une jolie figure et plusieurs centaines de mille francs de dettes.

La jeune femme, assez commune, n'apportait qu'une figure presque laide, mais une grande position financière.

Le ménage, à peine formé, le lion du jour reprit ses débordements du passé ; il gaspilla la fortune de sa femme, laquelle ne tarda pas à se fatiguer de la conduite de cet époux de *vanité ;* la séparation de corps et de biens fut bientôt prononcée ; chacun vécut de son côté.

Le mari continua à prendre des maîtresses. Il en eut des enfants.

La femme, de son côté, prit des amants ; elle leur donna des enfants.

Nous avons plus loin, parmi ces *causes célèbres des infortunes conjugales*, retracé dans ses détails les conséquences cyniques de cette triste affaire ; nous y renvoyons nos lecteurs.

XIX

Mais, dira-t-on, le divorce peut-il être un remède radical aux maux que vous signalez ?.... sans aucun doute, et nous le prouverons en peu de mots.

Le divorce, comme toutes les grandes mesures radicales, est doué de l'avantage habituel, c'est d'être une rupture franche, définitive, irrévocable ; c'est une sorte de fiction légale de la mort.

Ainsi que nous le disions plus haut, la perspective du divorce amène, nécessairement, de la part des parties engagées dans l'accomplissement de ce contrat spécial (le mariage), une maturité d'examen, une réserve qui en rend la conclusion plus sérieuse. La jeune fille élevée sous l'influence de principes droits, honnêtes, ne livre pas son avenir avec une chance aléatoire aussi périlleuse que celle d'une rupture imminente qui la compromet pour toute sa vie. Il est, en outre, dans la nature humaine, dans le cœur humain, de se sentir d'autant plus engagé qu'on peut librement contracter et résoudre un contrat onéreux.

Si l'affection préside au début de ce saint engagement, la perspective de cette rupture, autorisée par la loi, rend les époux plus circonspects l'un vis-à-vis de l'autre.

L'affection et la dignité personnelle sont très puissantes à sauvegarder le contrat. Les époux, s'ils sont heureux, ménagent avec sollicitude leur bonheur ; ils ont une certaine crainte de voir séchapper la solution de ce terrible problème: le bien-être dans la vie commune, et la faculté qui leur est donnée d'user d'une liberté qui peut être la conséquence du plus grand de tous les maux : la mésintelligence domestique est pour eux le motif le plus sérieux de serrer leur chaîne.

Le divorce reposait, sous l'empire du Code, avant son abrogation par la loi du 8 mai 1816, sur des causes très nettement, très simplement, très justement énoncées.

D'abord la cause d'adultère.

Le scandale de la séparation de corps par suite de ce délit est incurable: et l'on ne comprend pas, en vérité, comment le législateur a pu placer deux époux dans cette alternative : ou d'accepter la honte d'adultère et de s'en *arranger*, signe manifeste de la décadence des mœurs d'une nation corrompue ; ou bien de laisser à l'époux coupable une sorte de champ libre à la perpétration de ses désirs.

La seconde cause est l'existence *d'excès*, *sévices*, ou injures graves.

C'est la dignité de la vie commune qui a préoccupé bien légitimement ici le législateur : à la suite de cette cause vient se placer souvent un délit correctionnel, et quelquefois même le crime !

Une femme outragée doit être défendue énergiquement par la société contre la plus grande lâcheté que puisse commettre un homme ; et certes, l'idée de la vie commune à de pareilles conditions devient impossible ; la troisième cause, c'est la condamnation de l'un des époux à une peine infamante. Énoncer une pareille disposition suffit pour en démontrer l'efficacité légitime.

La dissolution du mariage est prononcée lorsque l'un des époux a encouru une condamnation définitive à une peine emportant mort civile (art. 227, C. civ.), c'est-à-dire lorsqu'il y a eu condamnation aux travaux forcés à perpétuité et à la déportation (art. 17, 18, C. p.).

Cette dernière peine est, on le sait, assimilée à celle des travaux forcés à perpétuité.

Il est évident ici que, mettant même à part le stigmate infamant, qui ne peut être mis en commun entre deux époux, la perpétuité de la peine est une assimilation réelle à la mort.

Rien de plus naturel que cette dissolution du mariage qui a pu survivre au divorce.

Enfin, la quatrième cause, c'est le consentement mutuel (art. 233, C. civ.). Le commentaire se trouve textuellement formulé dans le Code.

Entouré de certaines garanties nécessaires pour qu'il n'y ait pas surprise, le consentement mutuel prouve, dit la loi, que la vie commune est insupportable, et qu'il existe par rapport aux époux une cause péremptoire de divorce.

Rien ne caractérise mieux, selon nous, l'intention du législateur du 21 mars 1803 que cette formule. Elle s'inspire, quoique exprimée en peu de mots, d'un sentiment philosophique et psychologique très exact.

La vie commune.

C'est l'épreuve incessante, moment par moment, du dévouement. Les moindres détails, les nuances les plus circonstanciées, les occasions les plus différentes mettent en présence deux natures exposées au travail délicat des passions humaines.

Si le partage de la vie, telle qu'elle est réglée par

les usages du monde, expose souvent les hommes aux plus ardentes querelles, bien que les phases de cette communauté indirecte soient différenciées par de longs intervalles, comment ne pas comprendre que la vie partagée entre deux époux les expose à de cruels mécomptes.

Ce n'est pas chose frivole ni indifférente que la sympathie ou l'antipathie : dans ces deux mots existent le bonheur ou le malheur.

Les actes de dévouement sont des exceptions ; les mille détails de la vie commune peuvent créer le plus grand charme ou la plus grande souffrance. Rien n'est fatal dans un ménage comme cette triste parole :

« Je n'ai rien à lui reprocher... mais elle me déplaît en toutes choses ! »

Que de sentiments étranges, bizarres, imprévus se signalent ainsi !

Et pourtant, ce ne sont pas là des fautes, des délits, des crimes..... à peine si l'un des époux a le droit d'adresser à l'autre un reproche sérieux : la conduite est honorable, le dévouement mis à une épreuve absolue ; et malgré tout, il faut que la communauté, d'abord languissante, finisse par se dissoudre.

C'est une lueur qui s'éteint...

Il y a, disent les légistes, simplement *incompatibilité d'humeur !*

Et la loi prononce très justement, selon nous, le divorce.

Telles sont les causes du divorce.

Maintenant, examinons-en les conséquences ; sortons d'abord de ce principe :

C'est que le chagrin qui cause une mort naturelle n'est pas comparable aux douleurs qui cause une vie dans laquelle est entré le désordre des cœurs.

Pour l'une, il y a une certaine douceur et le regret ; et toujours, il reste une dignité réelle à la subir. Pour la vie scandaleuse de la séparation de corps, qui n'est qu'une vie factice, il n'y a que de l'irritation : nul regret, nulle dignité.

Le divorce, avons-nous dit, est une fiction de la mort légale, et, sans aucun doute, cette rupture, cette dissolution complète du lien formé, fait des deux divorcés deux êtres séparés à jamais l'un de l'autre par une sorte de veuvage légal.

De pénibles scènes d'intérieur, des sévices, des injures ; c'était l'orage de cette triste communauté.

La séparation est consommée ; la délivrance mutuelle est résolue ; de ce moment-là même naît entre les deux associés de cette chaîne impossible une sorte d'allégement qui ressemble à celle du prisonnier qui a reconquis sa liberté ; cet homme ne maudit plus ses geôliers aussitôt qu'il a senti l'air libre rafraîchir son visage : il a laissé la pesanteur du boulet de la servitude au seuil même de la prison.

Il y a plus : le souvenir des souffrances morales qu'il a subies n'est pas sans un certain sentiment indéfinissable qui vient de la douleur éprouvée et qui n'est pas sans charme. C'est un instinct propre à notre nature qui s'anime presque, malgré nous, à ce foyer essentiellement humain que l'on nomme la douleur : soit curiosité de l'âme, soit excentricité de position, soit sensation inconnue de l'esprit, l'homme est ainsi fait que l'indulgence de sa nature le gagne aussitôt qu'il est sorti du danger ou de la peine directe.

La fin des préoccupations douloureuses inspire une pensée rassurante qui est presque l'espérance du bonheur. Toute idée de scandale pour l'avenir s'est effacée : le souvenir même du mal s'est adouci.

Une des nuances mondaines des plus remarquables dans la pratique, c'est que presque jamais deux époux séparés de corps ne se sont rencontrés dans le monde sans un sentiment de gêne et quelquefois d'inimitié ; et que deux anciens époux divorcés ont pu, parce qu'ils étaient étrangers l'un à l'autre, se trouver dans les mêmes cercles avec convenance, déférence et dignité.

Évidemment, c'est à la rupture définitive, à l'absence complète du scandale, à la liberté mutuelle, qui sont la conséquence nécessaire du divorce, que l'on doit le maintien de ces égards réciproques.

En résumé :

Le mariage doit trouver dans le divorce un élément sérieux qui empêche les pères de famille de conclure légèrement un contrat auquel se rattache la question du bonheur ou du malheur pour leurs enfants.

Le scandale de la séparation de corps se dresse devant l'avenir.

La liberté des époux, reconquise sous l'empire du divorce, détruit en eux tous les éléments de haîne qui surexcite les époux séparés de corps, mais enchaînés aux yeux du monde.

Enfin, la dignité du corps social est, selon nous, engagée tout entière dans l'abolition de la séparation de corps, qui n'est que la consécration d'un scandale, et qui, sans aucun doute, a été la cause de beaucoup de crimes depuis la loi de 1816, dont nous demandons l'abrogation.

RÉFUTATION DE QUELQUES OBJECTIONS CONTRE LE DIVORCE ET SES CONSÉQUENCES

Plusieurs publicistes ou législateurs qui suivent avec impartialité la grande et difficile question du *divorce* ont pensé que, dans les écrits, conférences — et récemment dans la discussion décisive à la Chambre des Députés, en faveur du rétablissement du divorce, — on n'a pas pu trouver la solution complète du problème.

On indique le mal, — disent-ils;

On n'indique pas le remède, c'est-à-dire les garanties à offrir à la société sur les conséquences du divorce.

Nous croyons devoir répondre ce qui suit :

Les conséquences du divorce dépendant de plusieurs causes et surtout du point de départ dans le mariage conclu.

Quels sont les motifs sérieux du divorce?

Ces motifs seront, selon nous, les meilleurs guides pour arriver à la solution recherchée :

En effet :

1° « L'adultère », la cause la plus grave, amène une solution terrible : le mépris et l'abandon. Là, pas de palliatif (sauf le meurtre excusable !)

Les parties engagées se trouvent délivrées de la vie commune : cela est tout simple.

Si le pardon est accordé, ce qui est le cas le plus général, il n'en reste pas moins une flétrissure qu'il n'efface pas.

Dans ce cas, en ce qui concerne « les enfants », bien difficile est la solution à indiquer !

Les enfants en bas âge ne peuvent pas être consciencieux de l'immoralité de la position; mais que deviendra leur appréciation en grandissant?

Qui peut le dire? Ce qu'il y a à retenir dans le bienfait du divorce, c'est que tout est rompu; et l'existence peut couvrir le danger de la situation respective des deux époux, en ce qui concerne les enfants.

2° Montesquieu considérait comme une des causes les plus graves et les plus impérieuses en faveur du divorce, « l'incompatibilité d'humeur ».

Rien n'est, en effet, plus logique.

Là encore, la rupture du mariage peut passer pour définitive. On ne comprend guère en ce cas, autre chose qu'une séparation absolue.

Les enfants peuvent avoir, sans inconvénient, d'excellentes relations avec leur père et leur mère.

Ils les plaindront et ne prendront là aucun motif de mépris ni pour l'un ni pour l'autre.

3° Une demande de divorce dans le cas où l'un des époux est condamné à « une peine afflictive ou infamante » ne peut être refusée. Cependant, parfois, cette demande n'est pas faite, parce qu'il se rencontre des dévouements qui survivent à la condamnation. Pas de remède à indiquer non plus, en ce cas, pour les enfants ou pour la société.

Mais le « divorce » efface la honte et rompt une

chaîne qui doit pouvoir être rompue : voilà tout ce que peut faire la législation.

4° Quant à la « fortune », en cas de divorce, c'est un compte que les magistrats doivent déterminer : s'il y a un actif, il sera réglé selon le contrat de mariage ; le père et la mère seront tenus de sauvegarder les intérêts de leurs enfants, au prorata de leur fortune personnelle.

S'il n'y a rien, la loi vient en aide aux enfants, selon le droit commun.

Le père doit, d'ailleurs, protéger ses enfants : en ce qui les concerne, il ne peut y avoir « divorce ». Les charges de la paternité survivent au prononcé du divorce.

La solution des difficultés inhérentes à cet état exceptionnel, mais absolument nécessaire, ne peut, selon nous, être évaluée d'une façon définitive.

Chaque cas de divorce, comporte en soi, la solution spéciale que les circonstances commandent ;

C'est aux juges à régler, selon l'équité, chaque sentence, suivie de divorce, quant aux détails.

Donc, on ne peut fixer par une loi les conséquences matérielles du divorce. C'est une question à faire régler par la justice.

Évidemment les arguments invoqués prouvent à tous ces vérités : que le divorce consacre, pour les malheureux, la dignité que leur assure une indépendance nécessaire.

Qu'une loi faite pour ceux qui souffrent n'a rien de commun avec ceux qui jouissent du bonheur parfait que donne un heureux mariage.

Et que l'égoïsme des uns ne peut laisser subsister le désordre et le scandale dans l'infortune des autres.

Quant au scandale inhérent à la «séparation de corps», il est si nettement odieux que sans le divorce il n'y a pas de ressource pour arrêter l'indignité de cette union désordonnée.

Lisez et jugez :

SIMPLE OBSERVATION SUR LES DRAMES DU PALAIS

Il y à Paris un édifice superbe, monument d'architecture sévère, placé près la statue du bon Henri, le roi de la « Poule au Pot », fondé sur les bases du château de Saint-Louis, lequel était un juge de paix royal, simplement assis sous un chêne, bonhomme au fond, un peu poseur à cause des croisades, une sorte de juré couronné, aimé de ce qu'on appelait alors des sujets.

Devant la belle grille dorée du Palais sur laquelle scintille le soleil... (quelquefois), était jadis un « pilori ». Là, arrivaient (je l'ai vu !!!) une bande de coquins, voleurs, faussaires, le dos « orné » d'un écriteau.

Puis on les marquait d'un fer rouge sur l'omoplate: l'homme pâlissait ; un murmure d'horreur circulait sur la place ; et bien des spectateurs qui se trouvaient là pour regarder, attendaient leur sort.

C'était abominable.

Les hurlements de cette foule de gredins qui paradaient sur la place, les « lazzi » lancés aux patients, les scènes « d'engueulement » (pardon du mot très trivial, mais très expressif), exécutées entre les voyous de Paris et les gendarmes, les « discours » cyniques des attachés au pilori, tout cela avait un petit goût de « Cour des Miracles » (moyen âge), qui épouvantait.

Ajoutez-y la « charrette des condamnés à mort », passant de la cour du Palais à la place de Grève, de l'autre côté du Pont !

Ajoutez-y surtout la « chaîne des forçats », partant de la cour, garrottés, cadenassés, avec le cou serré dans un collier de fer retenu par une chaîne vissée au col et rattachée au pied par un anneau qui terminait cette chaîne, et vous aurez une idée de ces exécutions qui n'avaient d'autre résultat que de semer et faire germer le cynisme dans cette foule de femmes et d'hommes amassés, se pressant devant ces piloris, ces échafauds, ces charrettes et ces chaînes.

C'était atroce tout simplement ! maintenant, cela se passe plus convenablement, on a aboli l'exposition, le pilori, les charrettes, la chaîne des forçats.

On a civilisé tout cela... et la peine de mort survit encore, malgré ces exemples de l'inutilité et du scandale de ces spectacles.

Mais, pour être plus décentes, les scènes de l'intérieur ont pris la place de ces autres scènes de la place publique.

Le scandale des procès de famille avait aussi son genre de spectateurs.

Nous ne parlons pas ici des drames de la cour d'assises, des habitués de ce spectacle gratis où la moralité des jeunes et la réhabilitation des vieux repris de justice ne peuvent gagner à cette promiscuité de déplorables émotions...

Mais nous voulons nous restreindre aux simples procès en « séparation de corps » pour cause d'adultère, de sévices et injures graves.

Suivez-les, ces drames de la vie privée et vous y trouverez tout l'intérêt de nos romans les plus mouvementés.

Pauvre race humaine qui se garrotte dans des chaînes rivées par l'indignation des cœurs, la trahison, le mensonge !..

Que le public est niais !

Avec quel aplomb, depuis que le mariage fonctionne sans autre sauvegarde que cette scandaleuse « séparation de corps », les maris portent hypocritement le mensonge de leur faux bonheur.

Qu'on ne croie pas que les partisans du divorce soient les adversaires du mariage.

Loin de là !

Mais par le divorce, les époux qui ont commencé par se marier avec plus de précaution sont plus conciliants dans la vie commune, et la tolérance mutuelle naîtra de la crainte même de voir rompre une « alliance » et non une « chaîne ».

Promenons-nous au Palais de justice....

Entrons dans ce théâtre où le spectacle gratis de nos misères conjugales va se dérouler.

C'est du roman... « vrai ».

M. Zola ne dira pas que ce n'est pas du « réalisme »...

Et ce naturalisme sera pris sur le fait...

Lisez et jugez.

RÉFUTATION DE QUELQUES OBJECTIONS CONTRE LE DIVORCE ET SES CONSÉQUENCES

Plusieurs publicistes ou législateurs qui suivent avec impartialité la grande et difficile question du *divorce* ont pensé que, dans les écrits, conférences — et enfin dans la discussion décisive à la Chambre des Députés, en faveur du rétablissement du divorce, — on n'a pas pu trouver la solution complète du problème.

On indique le mal, — disent-ils ;

On n'indique pas le remède, c'est-à-dire les garanties à offrir à la société sur les conséquences du divorce.

Nous croyons devoir répondre ce qui suit :

Les conséquences du divorce dépendent de plusieurs causes et surtout du point de départ dans le mariage conclu.

Quels sont les motifs sérieux du divorce ?

Ces motifs seront, selon nous, les meilleurs guides pour arriver à la solution recherchée :

En effet :

1° « L'adultère », la cause la plus grave, amène une solution terrible : le mépris et l'abandon. Là, pas de palliatif (sauf le meurtrier excusable !)

Les parties engagées se trouvent délivrées de la vie commune : cela est tout simple.

Si le pardon est accordé, ce qui est le cas le plus général, il n'en reste pas moins une flétrissure qu'il n'efface pas.

Dans ce cas, en ce qui concerne « les enfants », bien difficile est la solution à indiquer !

Les enfants en bas âge ne peuvent pas être conscieucieux de l'immoralité de la position ; mais que deviendra leur appréciation en grandissant ?

Qui peut le dire ? Ce qu'il y a à retenir dans le bienfait du divorce, c'est que tout est rompu ; et l'existence peut couvrir le danger de la situation respective des deux époux, en ce qui concerne les enfants.

2° Montesquieu considérait comme une des causes les plus graves et les plus impérieuses en faveur du divorce, « l'incompatibilité d'humeur ».

Rien n'est, en effet, plus logique.

Là encore, la rupture du mariage peut passer pour définitive : On ne comprend guère, en ce cas, autre chose qu'une séparation absolue :

Les enfants peuvent avoir, sans inconvénient, d'excellentes relations avec leur père et leur mère. Ils les plaindront et ne prendront là aucun motif de mépris ni pour l'un ni pour l'autre.

3° Une demande de divorce dans le cas où l'un des époux est condamné à une peine afflictive ou infamante ne peut être refusée. Cependant, parfois, cette demande n'est pas faite, parce qu'il se rencontre des dévouements qui survivent à la condamnation. Pas de remède à indiquer non plus en ce cas, pour les enfants ni pour la société.

*
* *

SÉPARATION DU PRINCE ET DE LA PRINCESSE DE BEAUFFREMONT

Incompatibilité d'humeur

Ce procès qui a duré près de quinze ans, qui a épuisé toutes les juridictions, subi le scandale de toutes les audiences publiques, est le type que nous rencontrons, comme réunissant fatalement toutes les combinaisons les plus déplorables et les plus probantes, au point de vue de la nécessité du divorce.

Nous éprouvons un profond regret à publier les détails de cette longue et dure procédure, c'est-à-dire de cette grande et longue infortune judiciaire;

Mais nous considérons comme absolument de notre devoir de choisir pour le public les faits douloureux que nous allons raconter.

Et cela, parce que tout s'y trouve!... parce que jamais situation sociale ne fut mieux combinée pour faire croire au bonheur de ces deux époux, appartenant à la plus haute et à la plus riche société;

Parce que la faveur du pouvoir, les alliances princières, les ressources d'une immense fortune, tout cela servai de base à cette union:

Et quand on songe au point de départ, combien

l'esprit d'un philosophe s'incline devant la pensée de Montesquieu, que de « toutes les causes du divorce », l'incompatibilité d'humeur est certes la plus légitime. »

Donc, racontons, tout en cherchant à épargner le plus possible les tristes détails de cette odyssée, que les tribunaux ont voulu livrer à tous les scandales de de la publicité, malgré les efforts de l'honorable Me Allou, qui n'a pas obtenu le « huis clos ! »

Vers le mois de janvier 1861, aux Tuileries, dans un bal, un jeune et bel officier se faisait remarquer parmi les plus élégants valseurs.

Bien qu'il y eût dans ses manières quelques signes d'une éducation négligée, sa taille bien prise, sa tenue remarquable sous le brillant uniforme militaire attiraient les regards.

L'Empereur lui parlait familièrement et l'Impératrice paraissait lui porter un intérêt particulier.

Ce cavalier, c'était le prince de Beauffremont.

L'Impératrice aimait aussi beaucoup Mlle Valentine, princesse de Chimay, qui venait de partir pour le beau château de Ménars avec sa mère...

Nous disons tout exprès « sa mère », fille de Mme Cabarrus dont l'éclat fut une des parures du Directoire, qui tirait beaucoup de prestige et presque de puissance de ses beautés plastiques au salon de Tallien ; or sa fille était alors en « délicatesse » avec le prince de Chimay, son mari.

C'était une famille privilégiée (on le verra) pour les séparations de corps, les divorces, et tout ce qui s'en suit :

Avec cet élan espagnol qui la caractérisait, l'Impératrice Eugénie fut frappée des avantages qu'il y aurait à faire un mariage... Cela lui paraissait fort bien assorti.

Donc, elle résolut d'unir le prince de Beauffremont avec la spirituelle Mlle Valentine de Chimay ;

Et cela lui paraissait si pressé, que ce fut au télégraphe qu'elle confia son projet, en sorte que le surlendemain, Mlle de Chimay venait aux Tuileries, où la souveraine crut devoir lui faire part de sa proposition. Il ne fallut pas plus de cent jours (trois mois), pour que cette union fût bâclée..

Mais certes tout venait donner à cette décision, un peu brusque, les présomptions les plus favorables :

Beauté, richesse, jeunesse, esprit, tout y était réuni...

Et pourtant !...

***

Naturellement, la lune de miel se passa sans nuage.

La jeune femme était d'une délicate nature ;

Le jeune homme n'avait que son nom et ne pouvait guère comprendre toutes les finesses mondaines de Mlle de Chimay ;

Mais, au début, il y eut de part et d'autre un charme réel... la nouveauté de la situation pour Mlle de Chimay, sorte d'éblouissement inconnu, qui la rendit aimante pour son mari... Comme presque toujours s'opéra la réalisation de ce mot si vrai :

« Sur deux amants il y en a un « qui aime » et l'autre qui se « laisse aimer ». Dans le cas dont nous nous occupons, ce fut la princesse qui aima ; quant au prince, on est a se demander si même « il se laissait aimer ».

A peine marié, le prince prouva bien qu'il ne pouvait se faire aux délicatesses de sa femme.

Vrai soldat, sans aucune finesse, n'ayant reçu qu'une instruction toute superficielle, le prince de Beauffremont n'avait pu trouver aucun charme aux mignardises mondaines de Mlle de Chimay ;

Cet idéal qui exalte les âmes, habituées à s'élever dans les hautes régions de la poésie, cette nourriture de l'esprit un peu romanesque, ne pouvait convenir au bel officier, qui courait de garnison en garnison sans autre préoccupation que de se livrer, dès l'arrivée, à toutes les débauches, et qui n'aimait que le jargon des cocottes dont on le pourvoyait, sans aucun scrupule.

Quelques semaines après le jour de son mariage, le prince était envoyé en garnison à Montpellier:

Il quitte sa femme à Béziers, la laisse le soir de leur installation, passe trois jours dans cette ville avec ses camarades, et prend à Montpellier deux ou trois maîtresses.

Tout ce qui suit est authentique, officiel, constaté par les débats.

En septembre 1862, il change encore de garnison, on l'envoie à Moulins;

La princesse est partie pour Paris, afin d'y accoucher.

Le prince profite de cette circonstance pour demander un congé de trois mois, non pas pour donner des soins à sa femme, devenue mère ; il n'y entend rien.

Il passe ses trois mois à voyager, à se livrer à une vie de dissipation et de désordres.

En 1863, il est envoyé à Joigny.

La princesse était au château de Ménars, il lui propose de repartir seul à son poste.

Il l'abandonne sans cesse ;

La princesse ne se lasse pas encore : Elle cherche à le retenir : de 1862 à 1864, elle devient deux fois mère, — mais le prince ne va la voir que par occasion, et s'il a quelques congés pour se rapprocher d'elle, il n'en profite que pour s'en éloigner ;

Il voyage, court en Espagne, en Italie, et quand, à son retour, il revoit sa femme, ce n'est que pour lui rendre la vie insupportable, lui faire des scènes d'une grossièreté inqualifiable, — la menaçant même de provoquer une séparation de corps.

Cependant par affection pour sa femme, la famille impériale s'occupait de son avancement dans l'armée :

En 1865, la guerre du Mexique éclata ; le prince est nommé colonel et fait partie de l'expédition.

« Quelle chance, s'écriait-il brutalement ! le ménage ! la famille ! tout ça c'est des « embêtements ». Il faut sortir de tout ça. Je pars au Mexique ! j'aimerais mieux m'y faire casser la tête que de vivre à côté d'une femme et de deux enfants ! »

Cependant la princesse versa des larmes au départ, et elle voulut se cloîtrer dans la propriété de Ménars, puis à Pau, pendant l'absence de son mari.

Nous ne voulons pas interrompre le récit de ces déplorables incidents par la publication de lettres admirables, écrites pendant la guerre du Mexique par la princesse à son mari.

Nous regrettons de ne pas publier ces lettres, l'espace nous manque. Il faudrait les grouper pour que nos lecteurs se rendissent un compte exact de la distinction, de la finesse de sentiments, de la grâce du style de cette femme d'élite.

Nous le ferons un jour.

Deux ans s'écoulent.

Le prince revient en 1867.

La princesse l'attend à Pau avec impatience;

Mais le prince ne se hâte pas;

Seulement il envoie un télégramme à sa femme dès son arrivée;

A la bonne heure, direz-vous!

Voilà bien la preuve d'un cœur aimant. Ce jeune colonel, il a du bon, il reconnaît les qualités exquises de sa femme?

Pas du tout:

Ce télégramme est ainsi conçu:

« Princesse de Beauffremont, à Pau.

» N'ai pas trouvé mes « chemises » faire savoir où elles sont immédiatement.

» Paul. »

et cela après dix-huit mois de séparation. Malgré la discrétion proverbiale de messieurs...des télégraphes, cette formule fit bientôt le tour de la petite ville de Pau... soulevant des gorges chaudes, des lazzis impertinents... « Eh bien, les chemises!... sont-elles retrouvées? »

« Madame a-t-elle bien rendu le compte du linge. »

« Ce télégramme ! c'est une dépêche de blanchissage... »

Cependant, le prince arrive à Pau.

La guerre avec les Mexicains n'a pas adouci ses façons d'agir, tout au contraire.

Dans cette ville comme à Moulins,comme à Montpellier, comme partout, il se livre à des désordres, de plus belle.

Il va, cette fois, jusqu'à l'aigreur, la mauvaise humeur, les violences.

On revient à Paris.

Dans un bal donné par la duchesse de la Rochefoucauld, le prince, en entrant, marche sur la traîne de l'élégante robe de la princesse :

Au lieu de se plaindre, elle prend la chose gaîment.

Elle a entendu son mari pousser un juron et une injure qui vont aux oreilles du duc et de la duchesse, au seuil même des salons.

La soirée se passe tristement.

On rentre.

Dans le trajet, des injures ; en rentrant,des injures ; des violences même, et cela à tel point que la princesse perd connaissance et est transportée sur son lit par sa femme de chambre.

En 1867, le jour de la distribution des médailles, à l'Exposition, le prince et la princesse passaient sur la place de la Concorde;

Le prince, de fort mauvaise humeur en sortant de son hôtel, lance à la princesse une brutalité, dans la voiture;

La princesse fait arrêter; elle se jette au dehors, ne pouvant en supporter davantage.

Elle quitte son mari pour aller consulter notre grand avocat Berryer.

Ici, nous entrons dans une phase nouvelle. Berryer conseille de transiger d'abord. Il dissuade de toute instance publique; tant il en redoute les conséquences scandaleuses; il rédige un « pacte de vie intérieure ».

On espérait que ce moyen empêcherait le prince de se livrer à ses accès ordinaires...

Il change de ton.

On le voit entrer, sortir, paraître au salon, au repas, lui prince, lui qui porte un nom qui est le signe de l'élégance et du bon ton, le chapeau sur la tête, la canne à la main, le cigare à la bouche, — sans saluer, sans dire un mot.

Ce n'est pas tout :

La princesse et sa mère ont des amis, un cercle de la plus haute distinction.

Le prince est impertinent avec eux : « Vos amis m'embêtent », dit-il à la princesse, assez haut pour être entendu.

Il excite presque des querelles;

Il effraye ses pauvres enfants, témoins accablés de douleur, premières victimes des scandales qui précédèrent les jugements en séparation de corps.

Un ami dévoué, le prince de Bibesco, qui, par son affection tendre, mais pleine de respect pour la princesse, la console, lui donne du courage, est injurié par le prince, jusqu'à la provocation... il est « chassé » du château. Enfin en 1869, la princesse se décide: elle intente un procès à son mari.

C'est le début de cette ère judiciaire qui a commencé en 1869, et qui a causé un série de scandales dont la trace est ineffaçable;

Le premier jugement, prononcé en 1870, n'est pas favorable à la princesse.

On n'avait pas osé provoquer une enquête, par une sorte de pudeur :

Les faits étaient d'une telle nature qu'on ne voulait pas les révéler et les juges, par deux fois, en 1869 et en 1872, n'avaient considéré les causes de la demande en séparation que comme une sorte d'incompatibilité d'humeur, insuffisante pour désunir des personnes si haut placées.

On voulait épargner ce malheur surtout en considération de la famille et des enfants.

Mais loin de mettre un terme aux sévices, aux injures, aux scandales, le succès avait encouragé le prince. Il fallait en finir.

La princesse alors demanda et obtint l'enquête :

Les désordres de la vie de garnison furent étalés devant la justice :

Partout, des maîtresses avouées, surprises au domicile du prince, dans un état qui ne laissait aucun doute à l'usurpation du titre, du nom, de la personne même de l'épouse outragée, sans aucune vergogne ;

Toutes, des servantes, cédant à la violence, à la brutalité du prince ;

Des jeunes filles mineures achetées à leur propre mère ;

Tout cela, sans même qu'il y ait le moindre mystère ;

Abandon systématique de l'épouse ; injures en cas de rencontre dans la famille.....

Rien n'y manque !

Tout y est: les noms, les qualités, les adresses.

Le dispositif du troisième jugement, prononcé en faveur de la princesse, contient des motifs que l'on avait précédemment cachés par pudeur.

A Moulins, une fille Mangin, dans le domicile

conjugal; c'était presque au lendemain du mariage;

A Niort, la fille Proust;

A Châlons-sur-Marne et ailleurs, des filles de mauvaise vie, une Marie, une Laberdère;

A Pau, lors de son retour du Mexique, d'autres femmes, surprises en « négligé » du matin, les cheveux en désordre.

L'arrêt de 1874, arrêt définitif, contient le résumé des faits graves que nous avons analysés: on y trouve cette phrase:

« La princesse pouvait dire, comme la Reine: j'ai tout vu, j'ai tout entendu, j'ai tout oublié. »

Cet arrêt flétrissant concluait à la remise des enfants à la mère.

Enfin! la séparation était prononcée.

On pouvait croire que tout cela était terminé.....

Nous allons voir, — nous allons entrer dans une nouvelle phase de cet interminable et scandaleux procès.

DE 1874 A 1879

La princesse, née allemande, part, quitte la France, emmène ses enfants, et, se croyant tout à fait libre, elle déclare reprendre sa nationalité, comme une sauvegarde, comme le salut.

Elle avait, en outre, une dette de reconnaissance à acquitter :

Pendant les quinze années de douleurs qu'elle avait subies, la princesse, nous l'avons dit, avait trouvé des consolations dans le cercle de ses amis.

Entourée de respect, de sympathie, d'amour même, sans avoir jamais dérogé à ses devoirs d'épouse ni de mère, elle avait inspiré à M. le prince de Bibesco un profond attachement.

Elle croyait qu'en déclarant dans son pays qu'elle était « séparée de corps » en France, l'on accepterait cette déclaration comme équivalant à un divorce.

Elle croyait aussi qu'elle pouvait reprendre son état personnel, c'est-à-dire redevenir allemande. Or, au point de vue de la loi française, Mme la princesse de Beauffremont restait française.

Séparée de corps, elle n'avait pas la liberté de convoler en secondes noces ;

Comment cela se fit-il ?

Comment put-elle se croire autorisée à se remarier ?

Quels conseillers imprudents l'engagèrent dans cette aventure ?

Nous l'ignorons ;

Mais toujours est-il que la princesse de Beauffremont se maria, en 1875, avec le prince de Bibesco ;

Que le prince de Beauffremont introduisit une nouvelle instance ; et que, cette fois, la loi lui donna raison, la séparation de corps fut prononcée « à son profit ! » ;

Que les enfants lui furent rendus !

Il y a plus :

Le prince hésite encore et se consulte pour savoir s'il n'intentera pas un procès en adultère à cause du mariage du prince de Bibesco. — Reste la survenance d'enfant depuis ce second mariage.

La loi française est positive, et le cas du prince de Bibesco présente de grandes difficultés dont la moindre est d'arriver à cette triste conclusion :— que ses enfants soient adultérins ou de père et mère inconnus !...

Que l'on examine, un instant, en se recueillant, le caractère des infortunes qui se sont accumulées dans l'action du prince de Beauffremont.

D'abord les faits scandaleux qui on flétri ce ménage; puis, les conséquences du mariage, au regard de la société dans laquelle arrivaient les époux ; soit avant, soit après la séparation de corps.

On parle bien souvent, et toujours à propos, de la position des enfants...

Que dire des enfants du premier avec le prince de

Beauffremont et du second avec le prince de Bibesco.

Que de scènes déshonorantes à relire, lorsque l'âge de raison, lorsque la jeunesse, lorsque l'âge mûr permettront à ces enfants de devenir forcément les juges de cette procédure qui a tenu les esprits, pendant tant d'années, sous l'influence de tous ces douloureux événements !

N'est-ce pas là ou jamais que le divorce apparaît comme le sauveur de ces infortunes matrimoniales.

Il ne s'agit plus des excuses possibles d'un crime pour cause d'adultère, si la théorie d'Alexandre Dumas était adoptée ;

Ni du pardon si généreux et si peu facile, indiqué par M. Émile de Girardin ;

Il s'agit de désordres tels que l'arrêt définitif qui condamne le prince retire, selon nous, aux juges pour l'avenir, le droit de rendre à ce père, flétri par sa conduite, les enfants qui lui ont été confiés.

Le second mariage de la princesse (avec le prince de Bibesco) ne saurait être considéré comme un acte moralement condamnable ; et l'honorabilité de la princesse ne peut en recevoir aucune atteinte.

Le seul remède à ce mal énorme, à ces anomalies étranges, c'est le DIVORCE : on nous accordera bien, sans aucun doute, que si le divorce eût été remis en vigueur immédiatement après la chute de l'Empire la princesse eût été délivrée de ces souffrances qui ont pesé sur sa vie.

Que dire du prince ?

Et mon Dieu ! c'est un brave officier, probablement, et s'il ne se fût pas marié, les désordres, qui ont signalé son passage dans ses garnisons, n'eussent déshonoré personne, même ses complices, et n'eussent pas donné à ses enfants un père qui avait dit si haut la formule de sa vie :

« Ah bah ! le ménage ! les enfants ! tout ça... c'est des embêtements ! »

***

AFFAIRE DESPREZ

3 *août* 1825

Les maris jaloux se vengent de plusieurs manières :

Les uns sont violents ; ils tuent.

Les autres sont muets, patients, observateurs :

Ils attendent l'éclat et frappent au bon moment.

Une grande dame disait un jour un mot charmant à un mari qui cherchait à grand'peine s'il était ou non trompé.

« Mon cher ami, dans la vie, le doute joue un grand rôle ; le soupçon qui en est la conséquence se rapproche de la vérité ; quelquefois, hélas ! elle se révèle.

» Il faut une occasion pour le flagrant délit ; c'est la chance !...

» Les uns s'en arrangent et s'éloignent.

» Les autres vont quérir les commissaires et constatent le fait, l'étalent devant un tribunal, et se font rire au nez par le public, très friand de scandale !

» Celui-ci tue !...

» Celui-là attend, et, dans sa superbe indifférence, il pardonne...

» Enfin de tout cela il résulte pour moi, disait en terminant la grande dame, qu'il « n'y a de vrai que ce que l'on devine ! Là est la dignité de la vie, en mariage ».

Cela peut s'appliquer aussi bien à toutes les relations amoureuses. Mais M. Desprez, lui, n'y va pas de main morte.

Il soupçonne sa femme, il la bat et la rend folle. Voici comment :

Vers l'année 1822, M. Desprez rencontra une jeune et douce personne, Mlle Lurin.

Il était, dans le cours de ses fiançailles, tout sucre et tout miel, d'une douceur angélique.

La jeune fille se promettait des jours heureux... Mais, voilà que, dans la vie privée, M. Desprez se montre absolument tel que l'a créé la nature, impatient, mécontent de tout, querelleur et violent.

Il ne souffre pas de contradictions.

Au moindre mot, il accable sa femme de reproches : sur les moindres futilités de la vie, il se livre à des violences terribles.

La première fois que cela le prit, c'était à l'occasion d'une simple blanchisseuse... Sa femme avait commis une erreur ; M. Desprez la souffleta.

On oublie trop facilement le mot que nous avons rappelé plus haut :

Montesquieu, lui, le grand jurisconsulte, le puissant moraliste, proclame nettement :

Que « le plus légitime argument en faveur du divorce, c'est l'incompatibilité d'humeur ».

Or, M. Desprez rendait sa femme la plus malheureuse des épouses, dans les mille détails de la vie commune.

Il est impossible de rien imaginer de pareil, si l'on en croit un de nos plus illustres et des plus sévères avocats de l'ancien barreau de Paris, M. Hennequin.

M. Desprez est jaloux à toute occasion, le soupçon est le compagnon de ce malheureux homme.

S'il conduit sa femme au café, il l'accuse d'avoir attiré tout exprès les regards des voisins ;

Elle est trop bien vêtue : il lui fait porter une blouse ;

Elle a des cheveux trop longs ; il les lui fait couper.

Elle rit trop souvent ; il l'enferme à double tour.

Enfin, la pauvre femme devient mère...

M. Desprez ne croit pas que c'est lui qui est le père de cet enfant :

Il lui fait jurer sur l'Évangile qu'elle ne l'a pas trompé :

La malheureuse a reçu des bouquets, des billets de spectacle, politesses d'un étudiant — le mari n'en démord pas : l'étudiant est son complice en adultère.

Et notez que le tout est accompagné d'injures, de horions, d'actes de violence inouïs ..

Il a une théorie, à lui, ce mari forcené ! C'est qu'on peut frapper sa femme pourvu qu'on ne l'éreinte pas... il l'a déclaré lui-même, sans y être forcé, en pleine audience.

Il risquerait même « de lui crever un œil... » Il dit naïvement, sur ce point, « qu'il en serait quitte pour dix francs d'amende »...

Bref, la pauvre victime en est devenue folle.

On l'a enfermée dans une maison de santé, et quand elle est sortie, les mauvais traitements ont recommencé. Alors, elle s'est décidée à réclamer la séparation de corps de la justice.

Le mari avait obtenu d'elle la plus singulière déclaration : C'est qu'elle n'était pas folle, mais que « l'étudiant en médecine qui avait pris en pitié cette malheureuse créature avait conseillé au mari de la laisser passer quelque temps loin de la maison conjugale, pour que sa santé puisse se rétablir ».

L'avocat du mari en police correctionnelle se nommait Claveau, c'était un homme original, curieux chercheur de scandales, et sachant mettre les rieurs de son côté.

Mᵉ Claveau fit rire le public, et le tribunal lui-même, en donnant lecture d'une lettre pleine de naïveté de la femme à son mari :

« Je renonce, disait-elle, à compter du 10 septembre 1823, à avoir avec mon mari aucune communication coupable, d'où il résulte que je ne dois pas avoir d'enfants légitimes ; mais cela à condition que mon mari me laissera libre et maîtresse d'agir comme bon me semblera. »

Le talent de Mᵉ Claveau avait un succès particulier d'esprit, dans les affaires de police correctionnelle. C'est un genre à part, dans le barreau, et quelques avocats y trouvèrent une grande renommée : Mᵉ Claveau était du nombre comme Duez, comme Vollis, le rédacteur de la *Gazette des Tribunaux*, au début.

Or, en cette circonstance, la séparation de corps, demandée par la femme, ne fut pas prononcée.

Mme Desprez fut de nouveau rivée à sa chaîne, et

selon l'expression de Me Claveau, elle fut « condamnée à être heureuse ! »

Probablement, elle est morte de chagrin, mais, certes, « le divorce eût beaucoup mieux valu ». Elle ne serait pas devenue folle d'abord ; elle n'eût pas été battue ; et certes, elle eût épargné une lâcheté à son mari qui ne pouvait lui donner aucun bonheur.

***

AFFAIRE CAIRON ET SOUBIRANE

Novembre 1825.

C'est un triste glanage que de chercher dans les faits scandaleux, mis à la portée du public, la nécessité du rétablissement du divorce.

Mais notre mission est impérieuse ; et puisque les maris séparés ont pris soin eux-mêmes de nous fournir des armes, nous devons nous en servir et chaque jour nous enregistrerons les preuves irrécusables qui viennent appuyer notre théorie.

Les faits parlent encore plus haut que les discussions.

Les hommes les plus éminents au barreau de Paris, Dupin, Berryer, Bourguignon, Barthe, Charles Ledru ont été lancés tous les uns contre les autres dans cette triste affaire.

M. de Belley présidait l'audience du 11 novembre 1825 (tribunal civil de Paris).

M. le docteur de Cairon avait épousé une jeune femme d'une grande famille.

Il en avait eu cinq enfants.

Un étudiant, nommé Soubirane, séduit la comtesse : le mari la surprend.

Que fait-il ? Il ne « tue » ni ne « pardonne ».

Il saisit les tribunaux de son infortune, publie un mémoire contre sa femme, qu'il a fait enfermer au couvent des dames Saint-Michel Mme la comtesse accouche clandestinement dans cette maison, on ne déclare pas le nom de la mère, mais on donne celui de l'amant, M. Soubirane : le mari découvre tout et il s'empresse de divulguer tous ces scandales.

« Je livre, dit-il, ma femme à l'indignation
» publique ! C'est vous, Soubirane, qui avez promené
» ma femme de débauches en débauches. Et pour-
» tant, indigné de la conduite de votre maîtresse,
» vous avez déclaré qu'elle vous faisait horreur ! »
(Textuel.)

Or, un second enfant, né du même père, est inscrit, de nouveau, sur les registres, de la même façon ;

Et c'est dans ces circonstances que le comte imagine de se venger de sa femme, en la traînant devant le tribunal !

La passion de la comtesse était telle qu'elle avait dénaturé sa fortune, et fait un testament au préjudice de ses cinq enfants légitimes en faveur de ses deux enfants naturels.

A l'audience, le mari paraît en personne, jette en pâture au public les scandales de sa vie intime, cite, lui-même, les trois maisons à Paris et la maison à Autun où l'adultère a été commis : rien n'y manque.

Il fait citer l'aubergiste qui vient dérouler devant le public les aventures de cette épouse qui est venue dans son hôtel non seulement avec M. Soubirane, mais avec plusieurs autres amants, sous le nom de Mme Adèle Lecomte.

Un adjoint au maire d'Autun dépose à son tour, à l'audience ; M. Soubirane aurait déclaré qu'il était le père d'un des enfants, sans produire néanmoins de papiers officiels ; et il s'est laissé poursuivre pour le paiement des mois de nourrice.

Le mari reprend une à une dans tous les détails et par le menu, les pérégrinations de « cette odyssée de l'adultère, » sa femme a changé de nom ; elle s'est fait appeler ici Mme Lecomte; là-bas, rue Saint-André-des-Arts ou rue des Fossés Mme Lemoine, ou rue de Buci ou rue Bergère, Mme Lamotte, etc.

Un commissionnaire de confiance a été chargé des déménagements...

Voilà le paquet ! et cela devant un nombreux auditoire !

Et la femme a été condamnée à deux ans de prison... l'amant à cent francs d'amende.

Le juge en prononçant la « séparation de corps » a couronné l'édifice ! Quel scandale et quel avenir pour les enfants. Qu'ont-ils pensé des scandales de leur mère et du ridicule de leur père !

Songez-y, Messieurs les Sénateurs, le divorce aurait empêché tous ces abominables scandales.

Non ! vous ne refuserez pas votre sanction à la Chambre des députés. Continuons.

∴

LE COMTE ET LA DANSEUSE

Après les théories les « faits ».

Après les arguments les « scandales ».

Voilà ce que nous allons ajouter à nos livres, à nos conférences, à nos discussions écrites ou parlées.

Et peut-être que, lorsque les adversaires du rétablissement du divorce auront pris la peine de lire consciencieusement des récits authentiques, des scandales abominables qui seront placés sous leurs yeux, non plus par pure imagination, mais en réalité sous la foi de nos allégations d'honneur, sans diffamation, c'est-à-dire sans propager des noms, peut-être ce bombardement de faits irrécusables fera-t-il une besogne plus efficace et plus rapide que l'argumentation.

Écoutez ce fait et « osez après lecture, nous refuser le divorce ».

Un viveur du temps le plus brillant de Louis-Philippe, titré, remarquablement beau, persiffleur spirituel, admis dans tous les cercles de Paris, élève du comte d'Orsay, de M. de Montrond, le protégé de Talleyrand, joignait à tous ces avantages celui d'être criblé de dettes!

Il avait, on le comprend de reste, mangé sa fortune patrimoniale aux jeux et aux orgies: il avait, avec un appétit très vif, avalé plusieurs tantes et oncles, et comme tous les gens de cette race dite alors infernale, on le rencontrait néanmoins partout où le luxe effréné s'acharne aux fils de famille.

Les usuriers s'étaient même lassés, les douairières millionnaires qui raffolaient de ce Don Juan, avaient vidé leur caisse.

On parlait de petites ou grandes escroqueries, soldées pour étouffer le scandale; on allait même plus loin et quelques attentats sur des établissements financiers « n'avaient pas été découverts » afin de ne pas compromettre un très grand nom.

Bref, l'homme était complet.

Or, il y avait de par le monde une célébrité de théâtre qui, par son immense talent, avait acquis une belle fortune.

Don Juan lui fit perdre la tête : sans être jolie, elle était remarquablement bien faite, elle avait de l'esprit, de la grâce, et surtout elle avait à offri une dot presque princière et pour cet homme à bonne fortune, une dot de sauvetage.

Elle épousa l'homme titré ;

Elle paya bien cher ce triste avantage ; mais elle était amoureuse.

On doit comprendre que, le mariage bâclé, le titre donné en paiement de la dot, et une lune de miel passée, notre grand seigneur ne trouva plus ni grâce, ni esprit, ni forme à cette femme-quittance : les dettes une fois payées, notre homme dut s'empresser d'en faire de nouvelles, de rejouer, de courir les maîtresses jeunes ou vieilles, de laisser là sa femme ; et enfin, de proche en proche, la « séparation de corps », l'idole des adversaires du divorce, mit fin au scandale d'une vie intérieure impossible, pour multiplier les scandales du dehors.

Notez bien que nous ne parlons ici que du mari.

Quant à l'épouse pillée, volée, trompée, délaissée... Il faut le dire, à sa gloire, une vive et profonde douleur désenchanta d'abord sa vie.

C'était une abominable existence de tristesse et d'abnégation pendant quelque temps.

Cependant on se lasse, quand on a du cœur, de ne s'attacher à rien...

Son mari ne lui avait pas même donné le bonheur consolant d'être mère; cela eût fait diversion, sans aucun doute, à son chagrin :

Qu'est-ce que n'efface pas de corruption et d'infamie, dans la vie privée, l'adorable et pur sourire d'un enfant !...

La pauvre femme trouva sur son chemin un autre grand seigneur étranger.

Il était fort à la mode ;

Il l'aima : elle rattacha son cœur à une chaîne solide, bien que M. le maire n'eût pas pu la forger.

Il survint de cette liaison deux fils.

Pendant que cela se passait et que ces deux enfants princiers par le sang, mais adultérins par la loi, étaient inscrits sur le registre de l'état civil avec la dénonciation de : « nés de père et mère inconnus », le mari, lui, se livrait toujours aux mêmes désordres.

Il avait rencontré sur son chemin de Lion en quête de bonne fortune (*quærens quam devoret*), une jeune fille d'une grande beauté, âgée de quatorze ans seulement, l'avait séduite, enlevée et rendue mère aussi de deux fils.

Ces deux fils ne pouvaient être inscrits sur le

registre de l'état civil sous le nom du père qui était marié ;

On les inscrivit donc sous la rubrique nés de « mademoiselle *** » et de « père inconnu ».

L'épouse légitime du comte éleva ses fils, à côté de leur père naturel, non légal ; et les quatre enfants grandirent ainsi.

Les uns « adultérins, sans père ni mère », les autres purement et simplement bâtards.

Mais le prince et l'épouse (l'artiste) voyaient grandir ces deux fils « sans nom » qu'ils élevaient avec un grand soin et une vive sollicitude, et se frayant dans le monde aristocratique, une route que les convenances ne pouvaient mettre d'accord avec la situation légale.

Que faire ?

Le prince s'adressa à un homme d'affaires très habile, et voici ce qui fut conseillé et ce qui fut fait :

L'agent d'affaires avait, durant toute la vie du mari, présidé à cette existence désordonnée.

Il connaissait la position toujours tendue de cet homme qui, placé sous l'Empire dans un assez beau poste, était toujours aux expédients.

Avec de l'argent, on obtiendrait aisément tout ce qu'on voudrait.

Les poursuites allaient leur train ;

La famille hors mariage vivait bien ; on ne comp-

ˈnit guère ; et le misérable allait jusqu'à fermer les yeux sur les intrigues de sa maîtresse qui lui produisait des ressources, qu'aussitôt il gaspillait. Il la perdait moralement, comme il l'avait perdue aux yeux du monde.

Cependant, les dettes s'accumulaient.

C'était une vie scandaleuse, sous tous les rapports : la pauvre jeune fille n'avait pas même le moral assez développé pour comprendre sa position ;

Elle descendait sa vie avec une rapidité vertigineuse dans le désordre, luxueux, mais éphémère que lui créait ce vieillard dépravé.

Enfin, l'argent « manquait au râtelier » : un beau jour, l'agent d'affaires alla trouver le mari, qui connaissait parfaitement la situation de sa femme, et qui avait, à quelques reprises, manifesté l'intention de faire quelque acte d'autorité conjugale, vu que cette jolie loi de la « séparation de corps » laisse au mari l'autorisation de vivre à sa guise, d'avoir chez lui même des concubines et de les y entretenir, puisqu'en cas de séparation il n'y a plus de « domicile conjugal ». Mais il n'en est pas de même pour l'épouse, et il était facile au mari de surprendre sa femme en flagrant délit d'adultère, de la faire arrêter, d'intenter une action en désaveu contre ces deux fils adultérins.

L'agent d'affaires connaissait son homme.

Il le convainquit, sans aucune peine, que sa vie pourrait être moins tendue ; qu'une bonne somme d'argent lui arriverait fort à propos ; qu'il pourrait, avec une liasse de quelques billets de mille francs, arrêter les frais, et mettre plus de tranquillité dans sa vie.

Mais... comment faire ?

Oh ! mon Dieu ! rien de plus simple :

Il ne s'agissait que de régulariser la situation de ces enfants, « princiers, mais adultérins », et non moins « naturels, sans père ni mère déclarés ».

Voyez quel malheur !

Une belle fortune, une grande position sociale, cela perdu, parce que ces deux jeunes gens n'avaient pas de nom, ni de titre.

Or, il pouvait bien arriver que, même séparés par la loi, le mari et sa femme légitime se fussent par deux fois rencontrés.

Que cette rencontre eût rallumé les feux éteints.

Que de cette rencontre, d'un jour, fussent nés deux fils.

Et c'était vraiment « pain bénit » que de les légitimer !...

Combien pour ce petit arrangement ?

Quelques billets de mille francs, à peine une vingtaine !... et le tour fut fait.

On vit arriver le grand seigneur au chef-lieu de

l'arrondissement où les deux fils avaient reçu le baptême civil d'une naissance irrégulière : ce mari prenant, d'une main, les vingt mille francs et, de l'autre, la plume, reconnut que ces deux enfants étaient les siens. Notez qu'il ne les connaissait pas « même de vue » !...

En marge est écrit sur le registre officiel que « les deux enfants sont reconnus comme fils légitimes de M. le comte et de Mme la comtesse de... »

« Allons, tout est bien qui finit bien. »

Les deux fils adultérins nés du prince et de l'épouse du comte circulent aisément dans le monde, avec les nom et titre du mari ; ils y sont merveilleusement reçus...

Et les deux fils « naturels, nés du mari » et de Mlle ***, vivant sous le même toit que le mari, circulaient très difficilementdans le monde, cachant leur état, ou risquant de passer, quelque jour, en police correctionnelle, pour avoir commis le délit très grave d'usurpation de titre et de fausse qualité.

Et pourtant, ces pauvres déshérités devraient être reconnus comme les fils de ce père, marié à une femme légitime qui a trahi ses devoirs ; tandis que la jeune femme, sa maîtresse, marche dans la vie avec la plaie d'une faute, que la loi ne permet pas de réparer !

Que l'on ne nous parle donc pas de la question des enfants !...

N'est-il pas de la dernière évidence que si le divorce eût existé, ce mariage de spéculation eût été rompu ; que la vie d'une jeune fille séduite eût été régularisée par un mariage.

Que le sort des quatre enfants n'eût pas été dénaturé...

Voyons, messieurs les législateurs, arrivez donc à une solution de ces abominables problèmes qui n'ont pour base que le scandale.

Hâtez-vous, car la plaie s'étend ; les enfants « hors mariage » pullulent ; les femmes vivent dans le mensonge d'une tromperie honteuse pour un ménage où l'adultère règne, ou bien se séparent pour traîner dans le monde une honte qui rejaillit sur les enfants, vivant au hasard, et forcés de mépriser leur père et leur mère !

Voilà vos mœurs et vos lois ! Changez-nous tout cela.

∴

MARIAGES D'ARTISTES DITS « MÉSALLIANCES »

On se rappelle le bruit que fit, il y a plusieurs années, le mariage du marquis de Caux avec la ravissante cantatrice Adelina Patti.

Y avait-il dans cette union tous les éléments de

convenance ou d'affection qui sont nécessaires au bonheur dans le mariage et dans ce que le monde nomme des « mésalliances ? » Lorsqu'un homme de la haute société, titré, mais sans fortune, consent à donner à une étoile de l'art cette haute position sociale et ce titre, de quel côté se trouve la mésalliance ?

Quelles que soient l'illustration du blason, l'élégance mondaine du mari, ses bonnes fortunes, le droit qu'il a de faire ouvrir les cercles aristocratiques à l'artiste, partie souvent des rangs de la société la plus humble, les moralistes qui approfondissent cette question du divorce sont et doivent être fort embarrassés pour résoudre la question du bonheur dans cette spécialité matrimoniale.

Adelina Patti s'était assuré une position exceptionnelle comme artiste et sa réputation comme femme la rendait digne d'être, par le mariage, admise dans la plus haute société.

On a cru longtemps que M. le marquis de Caux avait cédé à un entraînement passionné, et la question d'argent qui, si l'on en croit les détails du procès intenté, le 4 août 1877, par les deux époux, était le véritable motif de cette union, parut tout d'abord secondaire.

La marquise devait à sa nature charmante et distinguée l'accueil très empressé, très favorable, qu'elle reçut dans la plus haute société française, et le talent si merveilleux de « l'Étoile » ne fit qu'augmenter la sympathie de ce monde, dont l'arrogance ordinaire s'abaissait devant cette grande artiste, autant que devant la grande dame.

En France, en Angleterre, en Russie, partout, la cantatrice Adelina Patti ou marquise de Caux était accueillie avec une distinction et un éclat dont son mari le marquis ne paraissait nullement embarrassé. Aux couronnes que l'art entassait, aux bouquets lancés sur la scène, dont le marquis s'empressait de remplir la voiture de la marquise, presque fier de porter ces reliques précieuses, venaient s'ajouter les billets de banque, les guinées, les roubles, les piastres, qui pesaient lourd dans la balance ; lesquels le marquis portait avec la meilleure grâce ?

Pendant plusieurs années, certes, on n'eût pas manqué de croire que le poids des bouquets ne déplaisait pas au mari, que l'artiste aimait moins peut-être pour son titre que pour ses attentions et son orgueil très légitime :

Mais le procès, hélas ! a jeté sur cette question un triste jour.

Les unions, en général, qui cachent les causes de émsalliance, présentent au jurisconsulte et au philosophe certains mystères de dignité bien difficiles à découvrir. Bref, le 7 février 1877, on vit dans la salle des Pas Perdus, toute vêtue de noir comme pour un deuil, sa jolie figure pâle et voilée, l'élégante Adelina Patti, accompagnée de son avoué, Me de Normandie, et se rendant auprès de M. Aubépin, le président du tribunal de la Seine ;

Puis, en même temps, M. le marquis de Caux, un des lions du grand monde, accompagné de M***, son avoué, se présentait aussi devant le magistrat, pour remplir ce préliminaire légal de conciliation... presque toujours inutile.

Le 4 août, sans un grand éclat, et sans plaidoirie, la séparation fut prononcée.

L'artiste l'avait demandée ;

Les faits qui furent mis au jour ne laissèrent aucun doute sur les causes de chagrin, alléguées par la femme.

Des actes de violence et de jalousie amenèrent la marquise à désirer de se voir débarrassée du poids de cette couronne mondaine, à laquelle elle avait sacrifié ses couronnes de théâtre.

Voici les faits allégués par elle :

Dans la vie privée, à ce qu'elle disait, le marquis était loin d'avoir avec sa femme cette fleur de bon ton, d'élégance et de douceur qu'il affichait dans le monde.

Il n'avait fait qu'une spéculation ; et les moindres faits, les hommages les plus discrets devenaient pour le mari des causes de jalousie et de violence coupable :

L'enquête les fit connaître.

Au point de vue « affaire », M. de Caux était un comptable d'une extrême habileté et d'une sincérité irrécusable ;

« Je l'exploite comme une mine d'or, disait le comptable.

» En voilà encore une bonne dans le sac ».

Si le marquis touchait, il ne rendait pas ses comptes :

« Chante et ne t'occupe pas du reste, disait-il, à sa femme.. »

Sous l'influence de la jalousie, cette affreuse passion qui pousse au mal et ne guérit jamais, le marquis se mettait en colère.

« Maudit soit le jour, s'écriait-il, où j'ai épousé une « cabotine » comme toi... »

Et c'était le jour où le mari avait le plus de couronnes à ramasser pour l'artiste et le plus d'or pour la caisse.

Si la marquise recevait avec un certain orgueil bien légitime les hommages de la société aristocratique, le marquis rabattait bien vite son caquet...

« Allons donc ! je t'ai ramassée dans la boue (boue où se trouvaient quelques paillettes d'or, M. le marquis)... tu n'étais rien... C'est moi qui ai fait ta position.. »

Parfois, on faisait au mari des compliments sur la grâce et la beauté de l'épouse :

« Bah ! disait-il, elle est assez jolie, elle est aimable, mais... elle « m'embête... »

Cependant l'orage allait éclater au commencement de l'année 1877.

La jalousie qui n'avait pas eu de motif, parut néanmoins justifiable, à certains égards.

Ce n'était pas dans le monde des impériales et royales Cours que l'artiste paraissait avoir trouvé cette malheureuse et fatale diversion que les femmes se donnent, après avoir épuisé souvent toutes les ressources de la patience et de la résignation.

C'était dans un monde de prédilection, sous l'influence ordinaire de la passion artistique, dans un de ces élans où une sorte d'électricité se dégage de la passion factice et se communique, comme si elle était vraie, entre les deux amants du drame.

Supposez la femme qui joue un de ces rôles où l'amour s'exalte avec un de ses camarades dont la personne est bien souvent plus élégante que le plus élégant même des amants et des maris ?

L'artiste et la femme ne pouvaient se diviser, n'est-ce pas... il est bien difficile que les effluves de la passion, que le poète et le musicien ont versées dans l'œuvre, ne se répandent pas dans ces regards échangés, et d'autant plus applaudis, qu'ils sont plus expressifs...

Alors viennent les *apartés* de la scène, les occasions multiples des répétitions.

Et les voyages, et la vie forcément commune...

Placez à côté de toutes ces tentations, la mauvaise humeur du mari, la cupidité du comptable, et peut-être les larmes de la marquise sur quelques lettres armoriées se tarissent-elles ;

Peut-être l'échange de quelques reproches amenèrent des violences...

Adelina Patti reçut, dit-elle, un soufflet du marquis de Caux qui, lui, se défend, en prétendant ne l'avoir « que frappée à l'épaule... »

L'injure se proportionne à la hauteur même du rang de celui qui l'a commise.....

Certes, il y a là des motifs bien sérieux pour un divorce !

Ajoutez-y-enfin, des témoignages qui animent le mari à une plainte en adultère ; et vous comprendrez que le tribunal ait prononcé la « séparation de corps ! »

Les faits reprochés à la marquise ont paru même assez graves pour amener le tribunal à prononcer sa sentence contre la marquise de Caux qui a été condamnée aux dépens.

Elle est autorisée à chanter là où les engagements l'appellent, à Pau, Vienne, Saint-Pétersbourg, etc. Sa vie d'artiste l'oblige à une vie en partage avec d'autres artistes... et là, se dresse l'obstacle à une vie régulière, absolument régulière que ne peut s'imposer Adelina Patti, la marquise de Caux, qui emporte partout la qualité d'épouse séparée!...

Et vous laisseriez, Messieurs les Sénateurs, s'étaler par la non-existence du divorce, ces déplorables mœurs de l'artiste... épouse séparée!... Que le divorce arrive donc pour mettre fin à ce déplorable, à ce scandaleux état de choses!...

*
* *

LA SONTAG

Mais reposons-nous un peu de ce lamentable procès en disant un mot de quelques unions d'artistes qui ont été entourées de bonheur, de dévouement, d'honneur, malgré cette apparente « mésalliance ».

Citons, par exemple, le mariage de la diva Sontag!...

C'était la femme distinguée par excellence.

Elle avait, dans l'apogée même de sa gloire artistique, inspiré à un comte allemand une véritable passion : seulement le comte exigea de la Sontag le sacrifice de son art.

Ce n'était pas la question d'argent qui devait servir de lien à ces deux époux, dignes l'un de l'autre.

Leur existence fut longtemps heureuse.

L'artiste pouvait bien regretter son théâtre ; mais l'affection qui l'attachait à son mari venait bien vite compenser ce chagrin.

Un jour, tout à coup, des revers de fortune vinrent ruiner le comte, mari de la Sontag.

Que fit-elle ?

Elle fit connaître son intention de remonter sur la scène qu'elle avait illustrée...

Elle vint ainsi en aide à celui qui l'avait élevée jusqu'à lui... et elle refit en grande partie sa fortune.

Malheureusement, un engagement qui devait l'enrichir la fit partir pour l'Amérique, où elle mourut.

Nous citerons d'autres artistes qui rendent heureux et fiers les personnages titrés ou illustres qui n'ont pas cru commettre une mésalliance en leur donnant leurs titres, sans leur demander autre chose que le bonheur et qui emploient même leur merveilleux talent à secourir les malheureux... comme par exemple la comtesse V... que tout le monde honore.

Nous y reviendrons, mais ne terminons pas sans

rendre justice à l'art qui ennoblit tout et ne peut devenir une cause de mésalliance.

*
* *

UN SECRET ENTRE ÉPOUX. — DEUX EXISTENCES BRISÉES. — SOUFFRANCES MUETTES.

Que nos lecteurs ne s'attendent pas à rencontrer toujours, dans le casier du divorce, la moindre gaieté !

Nous traitons une question pleine de tristesse ; les incidents en sont presque toujours douloureux.

Mais s'il y a des époux empressés à faire connaître leurs querelles privées, à les faire étaler en police correctionnelle, ou bien à faire lire à un public avide de scandale les lettres intimes, les « racontars » de femme de chambre ou de laquais, pour arriver à une « séparation de corps » ; il y a des époux qui préfèrent à cette déplorable publicité, la discrétion absolue, le mutisme complet. Mais aussi... quelle infortune !

Subir quarante années de souffrances plutôt que de compromettre toute une famille ;

Retenir cachés des faits qui brisent deux existences, et par un accord secret entre époux, rester séparés pour des motifs graves, très graves ;

Attendre une loi qui aurait dû sauver depuis longtemps deux malheureux rivés à une chaîne légale, plutôt que de publier un déshonneur avoué et de sortir de cet enfer qui les torture : Voilà ce qui explique combien le « consentement mutuel » est le moyen le plus légitime, le plus sérieux, le plus digne, de demander le divorce.

Or, ce que nous allons raconter, avec une telle discrétion que nous ne nommerons personne et que nous n'indiquerons aucune trace de cette infortune, enfouie dans le secret, c'est de l'histoire.

Donc, il y a quarante-cinq ans (près d'un demi-siècle !) un grand malheur de famille venait de frapper une mère et son fils.

Un homme éminent venait de mourir, laissant une haute situation sociale, mais sans fortune, à sa veuve, à son enfant.

Cela se passait dans une de nos belles régions où la nature de notre pays est si pittoresque, qu'on s'étonne souvent que les privilégiés de la richesse s'enfuient bien loin, pour chercher ce qu'ils ont sous la main.

Plusieurs villas élégantes et coquettes étaient disséminées dans cette ravissante contrée : C'est dans une d'elles que la mort venait de sévir.

On voyait, presque chaque jour, la mère et le fils,

vêtus de ce deuil complet qui signale une grande infortune, se promener tristement, se consolant l'un l'autre, par le partage d'une tendresse profonde.

Non loin de leur habitation, se trouvait une famille anglaise, très nombreuse ; et, chaque jour, lorsque passait ce couple de douleur, cinq jeunes filles, belles, jolies, souriantes, regardaient à travers une haie, toute couverte de fleurs, passer la mère et le fils ; puis venaient s'incliner respectueusement, pieusement, devant eux.

Une de ces jeunes filles était remarquable par sa beauté ; et de temps en temps, la famille qui, sans indiscrétion, passait devant les deux promeneurs, saluait, en arrêtant intentionnellement l'explosion d'une gaieté naturelle, mais qui, devant une pareille douleur, paraissait être presque une injure.

La saison prenait fin.

On allait retourner à Paris ; mais les regards du jeune homme que nous ne nommerons que par la lettre B... s'étaient rencontrés avec l'éclatante expression de sympathie si bien transmise par les yeux admirables de Mlle E...

On sentait bien que cela ne devait pas s'arrêter là... et quand on souffre, il n'est rien qui puisse donner à un cœur véritablement noble une diversion plus légitime que l'amour.

Les deux jeunes gens qui ne se connaissaient pas, s'étaient compris... et le hasard fit le reste.

On revint dans la grande ville ; on eut des occasions de rencontre fréquentes : bref, à la suite de détails inutiles à dire, au bout d'une année, le mariage de M. B... et de Mlle E... fut conclu.

Le jeune homme avait vingt et un ans ; la jeune Anglaise dix-huit.

Sans fortune, M. B... avait, par les ressources modestes de sa mère avec qui il vivait et par le produit d'un emploi dans une grande administration, ce qu'on appelle une existence aisée. Quant à la jeune Anglaise, un certain luxe et quelques renseignements, pris avec discrétion, faisaient croire qu'elle était riche.

Bref, c'était un mariage convenable du côté de la fortune; et les deux fiancés étant tous les deux parfaitement doués de la nature, l'amour le plus passionné les avait unis... On les maria ; la mère (une femme d'élite), vivait avec les deux époux ; trois ans après, deux filles étaient nées de ce mariage, où tout paraissait être combiné pour y consacrer un bonheur complet.

Et pourtant !... on va voir combien est précaire l'illusion d'une passion que la beauté seule d'une femme inspire... on va reconnaître les déplorables effets de ce que Montesquieu proclamait comme l'argument le plus légitime à faire valoir en faveur du divorce : « l'incompatibilité d'humeur ».

La vie se compose de détails.

Sauver quelqu'un d'un grand danger n'est pas, Dieu merci, un fait qui se produise tous les jours de la vie ;

On peut avoir toutes les grandes qualités du dévouement, en pareil cas ; mais pour vivre heureux dans l'intimité du mariage, il faut qu'un tact extrême préside aux détails qui ne sont pas tous d'une grande importance, dans cette existence commune de chaque moment.

Que les deux époux y mettent de la réserve, de l'intelligence, de l'adresse même, cela est indispensable, s'ils veulent que leur promiscuité incessante soit agréable.

Or, M. B... et Mlle E... avaient reçu une éducation toute différente.

Le mari, poète, écrivain, avait vécu dans un milieu spécial : la science, la littérature, les arts avaient absorbé toute sa vie de chercheur ;

Sa mère et lui, lancés dans cette partie de notre société parisienne où la pensée s'élève et s'exalte dans les belles choses du génie humain, vivaient de poésie et d'étude ;

La jeune Anglaise, élevée dans un monde où la religion des méthodistes n'exalte pas, mais dessèche l'âme ou ne l'anime que d'une inspiration factice, était étrangère à tout ce qu'il y a de séduisant dans le monde artistique et littéraire...

Sans être inintelligente, la jeune femme n'était qu'instruite ; elle savait les faits de l'histoire, comme si elle eût appris par cœur un programme, sans analyse ! et si quelque conversation spirituelle, gaie, un peu affolée par cet esprit parisien qui a son « argot, » et qu'il n'est pas donné de comprendre à tout le monde, se présentait dans leurs soirées, dans leurs visites, la jeune Mme B... s'y faisait presque muette, pour ne pas gêner l'expansion d'une gaieté à laquelle réellement elle ne comprenait rien.

Elle avait un grand talent d'exécutante comme pianiste.

Élève d'un de nos prestidigitateurs de l'art, elle avait un doigté d'une légèreté, d'un brio remarquable, mais chose singulière, elle n'avait pas l'oreille musicale, le goût, le sentiment.

Lancées sur le clavier, ses mains pouvaient résoudre les difficultés des morceaux les plus compliqués, mais le mari, doué d'une sensibilité spéciale pour l'harmonie, tremblait lorsque sa femme se mettait au piano.

Si rien ne venait la troubler, si le bruit d'une porte qui s'ouvre, l'interruption d'une conversation un peu bruyante, la feuille de papier de musique qui tombe ne venaient pas interrompre le mécanisme de ce doigté, la musicienne arrivait au bout du morceau sans encombre ; et la foule, trompée par l'éclat du jeu, pouvait l'applaudir.

Mais qu'un de ces incidents se produisît, tout à coup la musicienne s'arrêtait, absolument comme le dernier anneau d'une chaîne. En outre, rien dans l'exécution ne traduisait le sentiment, l'intelligence de l'harmonie :

Elle jouait tout de la même façon ;

Beethoven, Mozart, Haydn, Offenbach, tous les maîtres y passaient, mais l'âme, l'élévation, la gaieté, tout cela ne paraissait pas être compris :

On restait froid devant ce talent inerte, parfois même, une fausse note criait comme un sifflet dans le roulement musical.

Eh! mon Dieu! tout cela n'était pas une action bien coupable : il n'y avait là rien qui pût attirer de la part du mari le moindre reproche légitime... Mais enfin répétées sans cesse, chaque jour, ces maladresses finissaient par agacer le mari qui, ne trouvant aucun charme à ce qui, dans la vie, est la plus séduisante des distractions, en famille, c'est-à-dire la conversation et la musique, s'esquivait lorsque sa femme se mettait au piano, ou faisait dans l'entrain d'une discussion artistique ou littéraire une de ces questions qui prouvaient l'é.range inintelligence de cette jeune femme instruite, mais sans esprit.

Parlerai-je de mille autres incidents de la vie intérieure? Des objets précieux inappréciés et parfois brisés, des toilettes aux mille couleurs qui, chez cette étrangère étaient la preuve d'un mauvais goût que rien ne pouvait changer, d'une vanité qui n'admettait aucune observation, d'une jalousie sans raison qui attirait des scènes pénibles, des tendances à jeter le trouble dans les relations du monde où la médisance avait sa bonne part.

On a parlé de la pruderie anglaise:

Hélas! il y a du vrai et du faux dans ce préjugé.

Dans le monde, en effet, il y a quelque chose de guindé, de fier, d'arrogant dans cette pruderie qui se traduit énergiquement par cette exclamation si expressive: « Shocking! »

Mais quel mécompte dans les détails de la vie privée...

Comment décrire les habitudes de la femme dans le sanctuaire de la maison?

Nous ne pouvons ici que faire appel à l'expérience et au témoignage de ceux de nos lecteurs qui ont vécu dans l'intimité avec une de ces prudes qui rougissent en entendant un mot à double entente, ou qui croiraient commettre un acte blâmable dans le moindre laisser-aller apparent en présence d'un tiers, avec son mari.

On ne peut imaginer ce qu'il y a de choquant dans les habitudes de toilette qui font de la chambre à coucher de cette prude un champ de désordre qui désenchante, et finit par inspirer au mari ce sentiment qui détruit toute illusion, toute passion : le dégoût !...

Dans la question du divorce, les causes de l'antipathie jouent le plus grand rôle ; et c'est pour cela que nous entrons, tout exprès, dans ces détails qui sont en même temps une étude du cœur humain.

Chez les gens qui ne passent pas leur vie dans les brutales habitudes de l'indifférence, qui sont doués de certaines délicatesses précieuses, ces nuances composent le bonheur ou le malheur de la vie!

Nous n'avons pas, dans ces études qui donnent de la force à nos arguments en faveur du divorce, d'éléments de conviction plus concluants que ces détails de la vie privée chez ceux qui tiennent compte de l'éducation, dans l'échange des relations intimes qui naissent du mariage.

Or, tout cela avait amené le jeune mari, M. B..., à s'éloigner de sa femme, dont la beauté même disparaissait pour lui, malgré l'éclat qu'elle répandait autour d'elle, au milieu de la société qui l'accueillait.

Il y avait de l'admiration pour cette belle personne; mais il n'y avait aucune sympathie en sa faveur; et les blessures qu'elle faisait sans même en avoir conscience, par des indiscrétions, par des maladresses souvent compromettantes, lui avaient fait des ennemis.

Malgré la position très digne qu'occupaient son mari et sa belle mère, on fit le vide autour de ce ménage; et le mari qui ne trouvait que dégoût à l'intérieur et l'indifférence, la réserve, la froideur même dans le monde, devint triste, morose, presque acariâtre, lui qui se faisait, avant son mariage, aimer pour son caractère.

M. B... fut donc atteint de cette maladie qui compromet tout, qui détruit tout bonheur, « l'ennui » !...

A partir de ce jour, il ne pouvait rentrer au logis; il allait au cercle; on le voyait rarement dans le monde; il voyageait de temps en temps... Le mariage n'avait plus de charme pour lui, et la femme triste elle-même, sentait bien que la négligence, la froideur, l'abandon allaient en peu de temps, détruire le bonheur qu'elle avait, pendant quelques années, rencontré dans l'amour...

Un incident vint apporter le trouble, d'abord, puis le malheur dans ce ménage.

Le mari, qui était un homme politique, fut proscrit.

Il part seul, laissant ses deux filles dans une institution excellente à Paris, et confiant sa femme aux soins d'une famille d'une haute position aristocratique, mais dont M. B... ignorait les tendances « ultramontaines » en religion.

La jeune femme, protestante, méthodiste, fut accueillie avec une grâce parfaite dans cette famille. Elle entrait, du reste, dans un monde sévère, dont les pratiques religieuses étaient régulières, parfois même exagérées.

Mme B... fut très habilement amenée par le mari et la femme à désirer connaître ce qu'il y avait d'attrayant dans cette vie toute consacrée à une dévotion exagérée dans la religion catholique.

Ce couple, affilié aux jésuites, y mettait une grande habileté:

Sans vouloir, d'abord, faire la moindre tentative sur l'esprit de la jeune protestante, on faisait naître des occasions où les exercices religieux devaient provoquer sa curiosité.

On lançait, de temps en temps, quelques allusions sur la froideur glaciale de la religion protestante.

On parlait des fêtes si brillantes de la religion catholique, des sermons élégants, de la bienfaisance, des offices où la musique céleste donnait aux fidèle une béatitude enivrante.

Les artistes les plus éminents de l'Opéra venaient

chanter aux Petits-Pères, à la Madeleine, à Saint-Philippe, et le couple ultramontain laissait la femme au logis, pour aller chaque jour au sermon, au salut, d'où l'on revenait tout enthousiasmé de ce « divin spectacle, de cette éloquence élevée, de ces concerts angéliques ».

Mme B..., sans aucune provocation, tant le piège était merveilleusement tendu, fut amenée par l'ennui d'abord et puis par la curiosité, à demander à assister à ces merveilleuses cérémonies.

L'homme et la femme ne manquèrent pas l'occasion ; et la belle Anglaise, la protestante fervente, fut bientôt attirée dans les confréries, avec une hospitalité tout à fait séduisante.

Nous ne pouvons ici développer les détails de cette stratégie envahissante qui pendant une année fut employée à convertir la femme et les deux filles de M. B...

Il ne pouvait, dans son exil, savoir ce qui se passait : on avait obtenu de sa femme de remplir secrètement les formalités d'une instruction religieuse qui, d'ailleurs, ne l'engageaient à rien... on ne la pressait pas... on lui donnait tout le tamps.

Donc le mari, qui d'ailleurs ne s'occupait pas de politique religieuse, ne fut pas averti.

Mais le danger grandissait !...

La femme, les jeunes filles, arrivaient graduellement, avec une habileté infernale, à se laisser séduire par ces exercices où l'encens, le luxe, l'harmonie, l'élégance même, terminent l'œuvre commencée.

Toujours en l'absence de M. B..., sa femme et ses filles furent converties ;

L'acte d'abjuration fut prononcé.

Cela se passait à huis-clos, dans une petite chapelle coquettement disposée pour ce guet-apens habilement préparé *ad majorem Dei gloriam*...

Mais quelque chose de plus grave se passait...

Parmi les moyens de séduction employés par le couple de nos jésuites, on n'avait pas manqué de choisir le plus dangereux : la confession.

On avait donc amené dans la maison un de ces hommes, dont la beauté physique s'alliait à l'expression de l'extase, cette comédie si dangereuse du ministre catholique.

Dans cette Anglaise, abandonnée à elle-même, protégée par la sévérité des principes de la religion protestante, il y avait une belle proie à séduire.

Le prêtre lui fut offert comme confesseur.

Elle céda... de ce jour-là, elle fut perdue.

La pauvre femme ! on lui fit endurer toutes les souffrances morales et physiques de la lutte des sens avec le devoir ;

Le jeune et beau prêtre, homme habile, séduisant,

l'entoura d'abord de poésie, d'exaltation céleste, de descriptions du bonheur divin qui donne l'enthousiasme de la foi.

Puis, on obtint, dans le secret du confessionnal, cet échange voilé des confidences les plus intimes.

Il y eut entre ces deux créatures si heureusement douées par la nature, de ces effluves magnétiques qui enivrent ;

Puis, bientôt, le prêtre tira de sa bibliothèque de confesseur un de ces livres abominables où la pensée ne s'élève pas par la pensée, mais s'anime par les images les plus obscènes !... Bref, à la suite de ces entretiens intimes, la corruption abjecte des sens fit le reste..., le confesseur sortit un jour du confessionnal, il se rendit chez sa pénitente !... l'épouse convertie fut perdue !

Cependant, quelques mois après, une circonstance appela le mari à Paris, un décret d'amnistie lui permettait de rentrer.

Nous n'avons pas ici la place nécessaire pour faire connaître à nos lecteurs comment il arriva que le mari dont on n'attendait pas le retour apprit à la fois la conversion de sa femme à la religion catholique, comment il découvrit la faute de sa femme; et par quelles mystérieuses ressources de discrétions, il ne put arriver à connaître son complice.

Mais les époux firent ensemble un pacte de douleur commune qui leur imposa le secret absolu de cette abominable trahison !

Il y avait là, devant le père, tendre, affectueux, les deux filles, ces deux anges de pureté qui protégeaient la femme adultère contre le scandale de la séparation de corps.

Cette épouse perdue à jamais fut elle-même épouvantée de son crime, et le reste d'un sentiment de dignité que lui avait laissé son libre arbitre, lui fit comprendre qu'elle se devait à ses enfants, dont néanmoins elle fut à jamais séparée, mais dont un procès scandaleux eût détruit l'avenir.

Elle se résigna ; elle partit pour l'Angleterre où sa famille la reçut, où elle reprit, sans consécration nouvelle, ses habitudes religieuses.

Les deux filles furent confiées à leur grand'mère qui les éleva pour en faire de vraies femmes, honnêtes, dévouées à la société dans les hautes régions où la pensée domine, où s'inspirent les âmes du bon et du beau.

Mais le mari souffre encore, il a perdu sa vie dans les tristesses de l'isolement ;

La femme souffre aussi de se voir liée à jamais par la loi à l'homme dont elle a détruit le bonheur et qu'elle a déshonoré, sans vengeance possible...

Tous deux enfin attendent discrètement, dans leur

profond chagrin, une loi nécessaire que le législateur ne peut refuser ni à ceux qui jettent à pleines mains le scandale par la publicité de leurs désordres, ni à ceux qui préfèrent s'imposer la plus grande privation de la vie, le bonheur d'un mariage entouré de respect et protégé par l'indépendance et la dignité que consacrera le divorce.

CONCLUSION

Nous compléterons plus tard ce tableau lamentable de scandales que SEUL, LE DIVORCE peut détruire.

La dignité dans le mariage ne sera véritablement sauvegardée que le jour où le divorce sera rétabli.

Nous conjurons MM. les Sénateurs de s'unir à la majorité de la Chambre des Députés en adoptant la loi sur le divorce.

C'est une question sociale de la plus haute importance

∴

Dans le cours de notre travail s'est produit un procès dont l'horreur nous a saisi.

Nous avons cru devoir publier sur le procès Fenayrou quelques considérations légales. Voici pourquoi :

L'AFFAIRE FENAYROU ET LE DIVORCE.

(Question de l'échafaud)

Nous devons comprendre, dans notre travail, la terrible affaire qui vient de se dérouler devant les deux cours d'assises de Versailles et de Paris.

Nous ne donnons pas ici l'analyse des débats : par deux fois, ils ont été développés dans tous les journaux ; les horreurs de ce crime le placent au nombre de ces attentats qui confirment notre opinion que l'*assassin* est un *aliéné ;* et certes, l'étude psychologique, que nous allons faire sur les auteurs du crime féroce de Chatou, donnera, par leurs excès mêmes, une preuve de plus à l'appui de cette opinion : L'assassinat n'est souvent que le résultat d'une *monomanie*, d'une *idée fixe* qui s'empare de l'assassin, étreint son âme, et lui donne une sorte de satisfaction dans sa vengeance ; la crainte même de la pénalité, de la mort, disparaît et, bien plus, peut lui ménager une sorte de délivrance.

Cette doctrine draconienne est notre intime préoccupation :

On dit que la race canine naît avec le germe de la rage :

On peut dire que la *passion*, cette espèce de rage humaine, est l'aliment de l'esprit humain, dès les premières manifestations de l'être.

La *combativité,* le désir de tuer son semblable en *duel* ou sur le champ de bataille, exaltent l'homme; Il tue; il veut tuer; il rêve la destruction, la ruine; et cette passion pour le sang versé possède l'homme à un tel point qu'on a fait du succès de la guerre, c'est-à-dire de la *tuerie savante* des hommes entre eux, la glorification militaire; qu'on tresse des couronnes pour les vainqueurs ensanglantés; qu'on leur donne, dans le monde, et cela chez tous les peuples, une récompense graduée selon le nombre des *victoires* remportées, dont les degrés commencent par le *ruban militaire,* et se terminent par la *statue.*

Ce qui veut dire qu'il existe dans le besoin de tuer son semblable, deux motifs:

L'un, glorieux, qui s'inspire du *patriotisme;* l'autre, abominable, atroce, sauvage qui s'inspire de la passion la plus détestable : la haine et la vengeance.

Ces considérations peuvent paraître d'un ordre un peu philosophique, à raison du crime qui nous occupe; mais nous y trouvons l'explication que nous cherchons à cette grande préoccupation juridique :

Où est la *culpabilité?*

Où est la *sanction pénale?*

1° La *culpabilité?*

Il ne faut pas s'y méprendre :

Lorsque les jurés sont saisis de cette interrogation :

« *L'accusé est-il coupable de....* »

Cela veut dire :

« Les circonstances qui ont amené l'affaire constituent-elles un *crime ?*

» L'assassin est-il *coupable ?* »

Il faut impérieusement que le fait matériel, la mort de la victime, n'ait aucune excuse, pour que la *culpabilité légale* soit qualifiée.

Lorsque l'homme qui tue est excusé par une fiction de la loi, il n'y a pas *culpabilité*.

L'acquittement doit s'en suivre.

2° *La sanction pénale ?*

Pour elle deux conditions sont obligatoires :

D'abord qu'il y ait bien *sanction,* c'est-à-dire que l'équité préside à l'application de la loi;

En second lieu que la *peine* donne à la société une satisfaction réelle.

Or, nous avons réuni, dans notre profession d'avocat, des faits qui prouvent que la souffrance présumée que le législateur cherche à infliger au coupable a été parfois une délivrance, ou la jouissance d'une vanité féroce devant l'échafaud ! Pas de souffrance ; donc pas de *peine*.

Notons qu'ici nous parlons de la *mort*.

Maintenant, en présence des débats de cette lamentable affaire, examinons quels ont été les différents mobiles de ces atroces sévices dans le crime odieux qui nous a été révélé :

Marin Fenayrou est un homme inculte, il est entré dans la famille Gibon et le mariage s'est fait dans de déplorables conditions.

Mariage de position et d'argent.

Antipathie manifeste.

Gabrielle a été la grâce, l'élégance, l'amour de l'idéal.

Marin, c'est l'antipode.

Brusquerie grossière, façon d'homme mal élevé, positivisme cynique.

Le dégoût, dans le mariage, c'est le typhus, c'est la fièvre, c'est l'empoisonnement, dans la vie.

Gabrielle est caressante, disaient les témoins : là ses mains s'écorchent ;

Marin est positif. Il rit, le brutal, de la poésie, des extases ; sa moquerie cynique brise les illusions romanesques de la jeune fille ;

Le dégoût se mêle aux *relations nécessaires ;* et cela, chaque jour, à chaque instant...

Oh ! les sceptiques dans la vie intime ! Ils ne peuvent calculer le désordre que cause dans un cœur exalté cette glace de leur cœur :

Gabrielle souffre d'abord ;

Puis la souffrance l'irrite;
Vienne l'occasion... elle est perdue.

Là surgit la seconde phase du mariage Fenayrou :

Là surgit un incident, une occasion fatale :

Aubert est entré dans la maison.

La nécessité du séjour constant d'Aubert place l'épouse en présence permanente de la séduction.

La comparaison fait le reste.

Gabrielle se perd... et si sa nature est expansive, elle augmente encore ses qualités exquises, au profit de son amant, et tout à la fois au profit de son mari.

Car, il ne faut pas s'y méprendre :

Si Marin Fenayrou est grossier, brutal, il est vaniteux; il se croit bien au-dessus de cette jeune fille ; et si on lui signale ses coquetteries, il est bien loin d'en prendre souci...

Allonc donc!... Mais qui jamais pourra le supplanter... En outre, sa femme, livrée à un autre, n'a pas cessé de continuer avec son mari les rapports intimes du mariage...

Ici se place une maladie de la femme, l'histérie...

Chose abominable à dire!..

Mais cela est d'une vérité cynique.

La femme qui a un amant, qui s'est donnée, trouve, dans les délices même que lui fait éprouver l'affection de sa passion, un charme qui se répand en sa personne.

Elle devient plus belle ;

Et le mari qui exige son droit trouve en cette victime des relations légales, un élément d'amour qui satisfait tout à la fois sa nature assouvie et sa vanité :

Il se croit aimé.

Il s'exalte ; et sans pouvoir imaginer, tant son orgueil est arrivé à son paroxysme, que sa femme est capable de le tromper, il va jusqu'à prendre au réel le mensonge de ces preuves d'un amour factice ;

C'est ce qui s'est emparé de Marin Fenayrou.

Le bonheur réel que s'est donné la femme par son adultère a produit cet infernal résultat pour ce mari qu'elle illusionne, de lui faire croire qu'il est aimé, et dès lors de surexciter sa jalousie.

Qu'arrive-t-il ?

C'est que le jour où Fenayrou découvre la faute de Gabrielle, le cervelet de ce vaniteux et passionné mari, surexcité par les sensations qui s'en emparent, l'amène à une fureur que rien ne pourra contenir.

Lisez tous les physiologistes, les moralistes ; approfondissez tous les systèmes de la science positive ou de la philosophie extatique ; demandez au cœur humain la solution de ce problème, le mécanisme de la pensée ; et si vous vous rendez compte de la rage qui va s'emparer de cet homme, vous arriverez aisément au crime.

L'idée qu'Aubert, ce jeune amant, ce *beau*, son hôte, son ami, son commensal, l'a trahi, voilà pour le cô.é moral, Fenayrou le hait, il veut se venger.

L'idée, en outre, que cette femme, son épouse, qui lui apporte, après son amant, une ivresse dont le libertinage est l'aliment : voilà pour le côté physique !...

Fenayrou sent tout son être envahi par une exaltation qui, sans conteste possible, passe à l'état d'aliénation mentale...

Que va-t-il faire ?.

Sa rage n'a pas de borne :

Tuer sa femme, tuer ses enfants, tuer son amant qu'il lui sera facile de surprendre en flagrant délit d'adultère, cela d'abord se présente à son esprit affolé !

Mais non. le germe de l'exaltation grandit.. Il veut se venger !.

Oui, c'est cela, la vengeance sur tous deux : à Aubert, Fenayrou réserve tous les raffinements de cette sanction terrible.

A Gabrielle, une punition plus terrible encore, l'abominable participation de l'adultère à la vengeance du mari outragé.

« Tu m'as trompé, lui dit-il... soit, je pourrais te tuer;

» Tu aimes tes enfants... je puis les tuer sous tes yeux, prends garde !

» Tu les vois, ces innocentes victimes ! Eh bien, prie pour elles, leurs jeunes fronts, si purs, je vais les frapper, les ensanglanter, sous tes yeux... »

La femme n'a pas affaire, elle le sait, avec un mari débonnaire; pour ceux qui ont vu Marin à l'audience, cet homme au front mat, à l'œil profond, à la pâleur cadavérique sur un visage effrayant, cet homme c'est, pour Gabrielle, le fantôme du justicier !...

Elle est là, chancelante, à ses pieds; la menace de Marin lui paraît accomplie... Elle sucombe. « Que » faut-il donc faire ?... que veux-tu de moi.. ne tue pas » mes enfants... je suis ton esclave... commande. »

Alors Fenayrou cherche, invente le supplice... un meurtre cruel et banal ?... Non. Un simple assassinat, sans que cet amant, ce traître, ne s'aperçoive pas que sa maîtresse, elle-même, veut le punir ? Non encore.

Et notons ici que la misérable femme dans le désordre de ses passions d'hystérique, ne s'est pas contentée de cette faute...

Que nous révèlent les débats ?

Qu'elle s'est, pour ainsi dire, offerte, un matin, dans

un négligé très provocant, à l'associé de son mari ;

Qu'elle a commis un second adultère avec un compagnon du *turf*, qui l'avait séduite par son élégance et sa distinction.

Si Marin Fenayrou avait connu ce nouveau délit de l'adultère, qu'eût-il fait ? C'est effrayant à penser.

Il n'a donc appris qu'une seule faute ; et c'est alors qu'il amène sa femme à partager avec lui les combinaisons dramatiques de la maison de Chatou pour sa vengeance !

Rien de plus fécond que l'imagination de cet homme... et quand on lit les phases du crime, ses préparatifs, tout s'explique :

C'est étrange ; mais jusqu'aux moindres détails : le dîner, où ce monde d'assassins se régale, boit à la mort d'Aubert ; la fascination terrible de Marin sur son frère Lucien, instrument inconscient de ces horreurs, la singulière économie du *billet d'aller*, pris par la femme pour Aubert qui ne reviendra plus !... ce rendez-vous à la mort, donné froidement, par cette femme implacable... Oui, tout s'explique.

Il y a eu dans toutes ces fureurs de la vengeance de Marin comme une sorte de magnétisme qui a enveloppé les deux complices...

Et sa fascination par l'effroi qu'il inspire à Gabrielle est telle que cette misérable, témoin dans la maison de la lutte de son amant avec Marin... protège celui-ci... Dans la lutte sombre de la maison, elle retient Aubert pour sauver le mari, contre le traître qui va devenir le plus fort, après la première agression; et elle s'écrie: « Allons donc!... est-ce qu'après l'avoir trahi, vous allez tuer mon mari... maintenant ? »

Quel drame!

Et ne croyez pas que Marin s'arrête à la certitude de la mort produite par les premières blessures!

C'est le cannibale qui s'acharne sur le cadavre, le tigre surexcité par le sang!

Lisez les rapports lumineux du docteur...

Les coups de canne à épée ont produit quatre blessures sans *hémorragie possible*... Aubert était mort, lorsque Marin, pour assouvir sa rage, a percé le cœur de cet amant par quatre blessures béantes.

— Ah! c'est par le cœur que tu m'as fait souffrir, s'écrie Marin!... Eh bien! c'est par le cœur que tu souffriras, à ton tour...

Puis les cercles de plomb sont là... On ne pouvait se défendre d'un frisson à la vue de ces énormes liens armés de pointes acérées... et d'horreur, en songeant que pour *faire le lest* de ce cadavre afin de le *couler* au fond de la Seine... il a fallu enfoncer les pointes dans la chair du malheureux Aubert.

Oui, dans notre pensée, Marin est un aliéné... c'est un fou furieux...

Quant au frère?

Comparez Lucien avec Marin, et vous aurez l'explication de la participation inconsciente de ce frère qui cherche, autant que possible, à sauver son frère des conséquences menaçantes d'un pareil assassinat.

Il ne voit rien que ce *sauvetage*, et il obéit... C'est le dévouement poussé jusqu'à la complicité légale presque involontaire dans cet effroyable assassinat, qu'il faut cacher.

Quant à *Gabrielle Fenayrou*... un seul mot sur cette misérable! C'est un MONSTRE! voilà tout.

Or, selon nous, planent au-dessus de ce crime deux questions palpitantes actuelles et dont la responsabilité pèse absolument sur les législateurs de notre pays.

Ces deux questions sont le *divorce* et la *peine de mort*.

Il est inconcevable que, depuis douze ans, les hommes que le suffrage *dit* universel a envoyés au Parlement n'aient pas résolu ces deux questions.

Mais, il est évident pour nous qu'après les efforts faits pour arriver au rétablissement du *divorce*, le crime de Chatou doit décider le Parlement.

Le Sénat assumerait une responsabilité écrasante

si, par une fantaisie d'opposition que rien ne peut justifier, après la décision de la Chambre des députés, le *divorce* n'était pas voté.

Il est évident que si nous examinons attentivement le crime de Marin Fenayrou, le *divorce*, qui aurait précédé l'inconduite de Gabrielle, aurait épargné aux fastes historiques des grands crimes, cette jalousie, cette vengeance, cette sanguinaire et atroce expiation !

On se demande, au premier abord, si Mme Gibon, dont l'amour maternel s'est éloquemment révélé à l'audience, ne lui eût pas fait réfléchir sur le divorce très possible de sa fille avec un commis dont le caractère n'offrait aucune sympathie à Gabrielle.

C'est là un premier effet de la loi du divorce : le père de famille s'arrête en présence de cette éventualité, avant d'avoir livré sa fille qui ne peut éprouver pour le fiancé qui se présente que de l'antipahie.

Un mot absurde mais trop connu: « Ah bah !... » quand ils seront *mariés*, cela s'arrangera... »

Un père ne prononce ce mot-là que devant une impossibilité absolue à dissoudre le mariage :

Mais, devant le divorce, si ce mot lui vient à la bouche, et si le père a quelque sens moral, il n'accordera le mariage qu'avec une précaution extrême, et ce qui devra le rassurer pour l'avenir, c'est l'arrière-pensée du moins que le *divorce* pourra délivrer ces deux compagnons de la chaîne conjugale.

Évidemment, pendant les premières années de ce fatal mariage, la femme de Fenayrou, non coupable, aurait pu divorcer avec son mari dont les brutalités compromettaient son bonheur, dont les habitudes de jeu compromettaient sa fortune, dont l'incompatibilité d'humeur signalait l'impossibilité d'une existence commune :

Peut-être même que l'amour d'Aubert pour elle eût été l'occasion d'un bonheur honnêtement acquis et le *divorce* eût créé pour le commis et la patronne une existence heureuse.

Donc, le divorce eût résolu tous ces malheurs, — eût empêché la faute de l'épouse, eût effacé toute idée de jalousie, de vengeance et de crime.

Nous estimons, sans développer davantage notre argumentation, que les sénateurs, en présence de ce procès, ne peuvent hésiter à s'associer au vote, à la majorité de plus de 200 voix, des députés.

Le divorce nous sera donné.

L'échafaud.

Le jury de la Seine vient de prendre, selon nous, une grande responsabilité, dans la nuit du 14 octobre 1882.

Par son verdict, il vient de renverser l'échafaud.

L'abolition de la peine de mort est un des problèmes les plus difficiles à résoudre dans le domaine du droit pénal.

Mais, certes, selon moi, jamais étant donnée l'application de la peine de mort, selon notre loi, jamais assassins n'ont donné plus de force à la vindicte sociale, que le crime de Chatou.

Nous sommes partisan de l'abolition de la peine de mort, non pas de cette sorte de RENTE DE L'ASSASSINAT qui s'accorde aux criminels par l'absence de toute souffrance, par l'exercice d'une vie dont l'agriculture dans les colonies pénales peut amener le repos.

Non pas.

L'assassin doit subir une peine terrible, après son crime. — Il a tué. — Or la société ne doit pas prendre le droit du *talion*, mais elle doit effrayer les futurs assassins par l'exemple des souffrances réelles, physiques ou morales, qui puniront ce monstre, ce fou furieux.

Le moyen, — on peut le trouver.

Effrayer les malheureux hommes dont la société moderne est comme envahie,

Voilà le but !

Nous donnerons plus tard notre pensée sur ce remède social. Plusieurs peines se présentent à notre esprit, après de longues études, des méditations profondes.

Mais il est impérieusement nécessaire de placer à l'ordre du jour de notre Parlement l'examen et obtenir la solution de ce second problème, après le *divorce :*

Le maintien ou l'abolition de la peine de mort.

ALEXANDRE LAYA.

CHATEAUROUX. — TYPOGRAPHIE ET STÉRÉOTYPIE A. MAJESTÉ.

Reliure serrée

www.ingramcontent.com/pod-product-compliance
Ingram Content Group UK Ltd.
Pitfield, Milton Keynes, MK11 3LW, UK
UKHW020957230726
13923UKWH00007B/500